CHRISTINA VON DREIEN

L'INSOUMISSION DE L'AMOUR

CHRISTINA VON DREIEN

L'INSOUMISSION DE L'AMOUR

OU LES LEÇONS POSITIVES À TIRER DE LA SITUATION ACTUELLE DANS LE MONDE.

GOVINDA-VERLAG / ÉDITIONS GOVINDA

Publié par Ronald Zürrer

Titre original : *Der Ungehorsam der Liebe* (publié en avril 2022)
Traduit de l'allemand par Régis Gaspaillard

À ce jour, la série d'ouvrages *Christina* inclut les titres suivants :

- *Christina, Livre 1 : Sœurs jumelles nées Lumières*
- *Christina, Livre 2 : La Vision du Bien*
- *Christina, Livre 3 : La Conscience engendre la paix*
- *À la fin, tout ira bien*
- *L'Insoumission de l'amour*

Coordonnées de la maison d'édition :
Govinda-Verlag, case postale 152, CH – 8032 Zurich, Suisse

Sites Internet de la maison d'édition :
govinda.ch | govinda.eu

Site Internet officiel de Christina (également en français) :
christinavondreien.ch

Première édition – Juin 2022

Compilation et mise en page : Ronald Zürrer
Photographie : Anna-Nina Good | goodphotography.ch
Logo : Narada Demian Zürrer
Conception de la couverture :
Narada Demian Zürrer & Ronald Zürrer
Achevé d'imprimer par Finidr
Imprimé en République tchèque

ISBN 978-3-905831-88-7

« S'orienter vers l'amour préserve chacun d'agir contre soi-même ou de porter préjudice à d'autres êtres vivants, car l'amour soutient et protège la vie. Si l'on attend ou exige d'une personne aimante qu'elle fasse du mal aux autres, elle ne peut obéir. On pourrait nommer cette posture ‹l'insoumission de l'amour›. »

« Nous, humains – et notre conscience collective –, déterminerons le moment où la matrice de l'illusion s'effondrera, ainsi que tous les événements qui se dérouleront jusque-là. Cela dépendra de la durée pendant laquelle l'humanité continuera à participer au système de la non-Lumière et du moment où nous commencerons enfin à agir selon notre propre volonté. »

« Nous devrions réapprendre à voir ce qui est beau. Car il y a de la beauté en tout être animé. Nous devrions préserver cette connaissance et ce regard, même par les temps qui courent. C'est à nous de savoir comment nous pouvons apporter la Lumière ici-bas, sur Terre. Mais ce dont nous avons absolument besoin pour cela, c'est de porter le regard sur le Divin. »

– Christina von Dreien

Table des matières

Introduction

Des somnambules s'éveillent

Nous vivons des temps étranges, qui nous semblent, d'ailleurs, de plus en plus étranges à mesure que les années passent. Beaucoup s'interrogent : comment ont bien pu se produire tous ces événements qui ont affecté l'humanité terrestre, en particulier au cours des deux dernières années. Pourquoi tant de sombres circonstances dans notre monde ? Et comment tout cela va-t-il finir ?

Ce petit livre veut apporter des réponses à ces questions. À mon avis, tout ceci a été et demeure possible pour la simple raison que notre société est encore trop éloignée de l'amour. Les événements étranges qui arrivent aujourd'hui n'ont lieu que du fait d'un manque collectif d'amour, de compassion et d'humanité. Si chacun était connecté à l'amour, si chacun pouvait réellement ressentir l'amour en son cœur, alors la plupart de ces choses étranges n'existeraient pas.

La bonne nouvelle, c'est que tout cela est en train de changer : la planète Terre se trouve depuis longtemps déjà dans un processus d'élévation auquel rien n'échappera – pas même les circonstances étranges qui prévalent aujourd'hui sur notre planète. Ainsi, chaque individu a la possibilité de s'éveiller et de se joindre à cette élévation. Il appartient à chacun d'accepter ou non cette invitation. Ceux qui ont choisi l'éveil œuvrent déjà pour ériger une société plus belle, plus aimante et plus paisible – en dépit de toutes les bizarreries qui continuent de se produire à la surface du globe. Ces personnes sont des émissaires de la Lumière, présentes ici-bas pour maintenir son rayonnement, y compris dans les moments difficiles. Elles veillent à ce que, très bientôt, tout aille beaucoup mieux – et même qu'à la fin tout aille bien.

Dans ma vision du monde, l'amour est à la base de l'être humain, comme de tout être divin. Notre nature intérieure nous dote d'empathie et de compassion, nous sommes serviables et compréhensifs, nous souhaitons, au fond de nous, le bien de tous les êtres vivants. Tels seraient en tout cas l'attitude et l'état d'esprit normaux d'un être humain. Or beaucoup se comportent, encore aujourd'hui, de manière fort différente : ils détruisent la nature, se mentent les uns aux autres, s'agressent et se font la guerre. Au fond, savoir ce que signifie au juste une telle conduite ne les préoccupe guère. Ils semblent avoir perdu tout lien avec la vie, l'amour et l'humanité. Sans réfléchir, ils se contentent de faire ce qu'on leur a appris depuis l'enfance, imitent leurs parents ou d'autres personnes, au simple motif que si tout le monde agit de la sorte, ce doit être « normal ». Ils se posent rarement la question de savoir s'il est juste et cohérent d'agir comme ils le font et d'être ce qu'ils sont. Ils sommeillent dirait-on. Ce sont des dormeurs ambulants. Des somnambules.

Ces endormis ne reculent pas devant les actes de violence les plus cruels, par lesquels ils portent directement atteinte aux autres. Ils blessent le corps et la psyché d'autrui, ils tuent et mangent des animaux, ils mènent des guerres brutales et insensées, où ils se massacrent les uns les autres. Si, par hasard, il leur arrive de prendre sincèrement du recul sur leurs actes et d'entendre un tant soi peu la voix de leur conscience, ils ont tôt fait de se retrancher derrière une excuse toute prête : il en a toujours été ainsi et l'homme est ainsi fait, un point c'est tout. Fin de la discussion. Puis, rassérénés, ils se rendorment et reprennent leurs activités comme si de rien n'était.

À mon avis, cette vision pessimiste de l'être humain ne correspond pas à la vérité. À mon avis, la vérité est bien plus positive – et elle réserve peut-être aussi quelques surprises à certains. Pour preuve, ce livre abordera entre autres les thèmes suivants :

- L'homme est par nature un être bienveillant et aimant.
- La violence et les guerres, la manipulation et l'oppression, le mensonge et la tromperie ne sont pas des caractéristiques humaines naturelles. Ces tares ne sont arrivées sur Terre que sous l'influence d'êtres non lumineux venus d'ailleurs, et les humains les ont adoptées au fil du temps – à tel point que la plupart d'entre eux ne se souviennent même plus qu'un tel comportement n'a rien à voir avec leur véritable nature.
- L'histoire passée et présente de l'humanité terrestre est à mille lieues de ce qu'enseigne la doxa scolaire.
- Nous ne sommes pas seuls dans l'univers, mais entourés d'une multitude de civilisations extraterrestres – lumineuses comme non lumineuses.
- Il existe des liens millénaires entre les humains et les extraterrestres.
- Les systèmes politiques, économiques, scientifiques et religieux qui dominent aujourd'hui sont sur le point de s'effondrer complètement et irrémédiablement.
- Le monde ne disparaîtra pas : après l'effondrement de ces systèmes non lumineux dominants, l'humanité érigera une nouvelle société de paix, de liberté et de respect mutuel.
- Tous ceux qui désirent participer à la construction de cette nouvelle société sont cordialement invités à apporter leur pierre à l'édifice. La seule condition pour cela est de s'éveiller dès à présent et de coopérer de manière constructive avec les forces positives de la Lumière.

Comment, me demanderez-vous, puis-je être si sûre que tout cela est vrai et se produira ? Parce que je n'ai pas oublié. Parce que je l'ai vu. Parce que des millions d'anciens somnambules sont en train de s'éveiller dans le monde. Et parce qu'on peut tout au plus retarder l'amour, mais jamais l'arrêter.

– Christina von Dreien, mars 2022

1

L'insoumission de l'amour

Deux ans de peur et de confusion, cela suffit

Lorsque les somnambules s'éveillent, des choses incroyables deviennent possibles. Lorsque les personnes éveillées commencent à réfléchir sérieusement à leur vision du monde et à leur comportement, les choses peuvent très vite prendre le tournant du positif. Hier encore, ces personnes ressemblaient à des enveloppes corporelles vides, à des robots télécommandés à qui l'on souffle ce qu'ils doivent dire et faire ou que l'on programme. Hier encore, leurs pensées et leurs actes étaient dictés par la peur et la confusion. Et soudain, voilà qu'ils sont de plus en plus conscients d'eux-mêmes, commencent à penser de manière autonome et à agir de façon responsable.

Souhaitons-nous que cela se produise partout dans le monde ? Dans ce cas, rien de tel que de commencer par nous-mêmes, par nos propres intentions et actions – mais surtout par l'orientation de notre conscience. Naturellement, il est essentiel d'agir, mais *ce que* nous faisons, *comment* et *quand,* tout cela dépend d'abord et avant tout de notre conscience et du fait qu'elle soit ou non connectée à notre cœur. Notre connexion à notre cœur et à l'amour exerce une influence considérable sur nos pensées, nos sentiments et nos actes.

Au cours des deux dernières années, le même récit étrange a circulé dans tous les pays du monde et engendré les mêmes mesures, tout aussi étranges, dont tant de personnes ont souffert et souffrent encore. Ces mesures ont eu pour effet de plonger un peu plus une grande partie de la population mondiale dans la peur et la confusion – l'empêchant du même coup de penser clairement. La peur restreint notre vie intérieure, et lorsque notre conscience est restreinte, il nous est difficile d'orienter notre attention vers ce qui est bon et constructif ; il nous est difficile de ressentir notre intuition. Cela arrive uniquement lorsque nous nous sommes éloignés de notre cœur. Si nous étions tous connectés à notre cœur et ancrés dans l'amour, la population mondiale n'aurait pas pu se retrouver dans un tel état de confusion et de peur.

Il importe donc que nous commencions par nous libérer de ce carcan de peur. Face à certains problèmes et à certains défis extérieurs, accéder à notre intuition nous permet de trouver beaucoup plus facilement des solutions dans notre propre vie. Quelles que soient les circonstances dans le monde ou dans notre existence, la peur n'est jamais bonne conseillère : elle bloque à la fois l'accès à notre intuition et la communication avec notre guidance intérieure.

En nous libérant de notre peur et en prenant conscience que notre société souffre d'un dysfonctionnement fondamental, nous entamons une réflexion collective sur ce qui doit être changé dans la société pour qu'elle puisse de nouveau fonctionner normalement. Mais toute évolution doit s'amorcer en nous-mêmes, en chacun d'entre nous, car il ne faut jamais perdre de vue que la société est composée d'une multitude d'individus uniques. La collectivité ne change que si les individus changent. J'insiste : les transformations que nous aimerions voir à l'œuvre dans le monde doivent impérativement commencer en nous-mêmes – par nos efforts pour combler notre manque d'amour.

Notre foyer spirituel originel est plongé dans un bain d'amour : l'amour en est le milieu naturel, c'est pourquoi des états de conscience tels que l'insécurité, la confusion ou la peur ne pourraient même pas s'y manifester. Là-bas, tous les êtres vivent dans une conscience unificatrice d'amour et de respect mutuel.

À l'heure actuelle, il en va tout autrement sur la Terre. Cette planète concentre une telle mosaïque d'êtres dissemblables, ayant des orientations de conscience diamétralement opposées, que la cohabitation y est devenue quelque peu compliquée. Certains êtres se sont notamment incarnés ici-bas avec une conscience complètement déconnectée de l'amour. Ils ont tendance à déformer la réalité, à composer leurs propres valeurs, à manipuler et à opprimer les autres selon leur bon vouloir. Sur Terre, ils rencontrent des êtres encore connectés à l'amour, habitués à de tout autres comportements et à un mode d'interaction aux antipodes du leur. C'est pourquoi il peut arriver que des personnes bienveillantes agissent d'une manière incompréhensible ou fassent des choses interdites aux yeux des autres. S'orienter vers l'amour préserve chacun d'agir contre soi-même ou de porter préjudice à d'autres êtres vivants, car l'amour soutient et protège la vie. Si l'on attend ou exige d'une personne aimante qu'elle fasse du mal aux autres, elle ne peut obéir. On pourrait nommer cette posture « **l'insoumission de l'amour** » – de mon point de vue, il s'agit de la prochaine étape nécessaire dans l'évolution de l'humanité.

Aujourd'hui, le monde grouille d'actes visant à nuire à d'autres êtres vivants ou à les faire souffrir. Certains considèrent même ces pratiques destructrices comme normales, et lorsque l'on tient quelque chose pour normal, on ne le remet pas en question. On se dit que c'est comme ça, un point c'est tout.

Prenons les guerres par exemple : à mes yeux, faire la guerre est tout sauf normal. Cela n'a rien à voir avec le comportement humain naturel, tel qu'il était prévu à l'origine. Certains s'en tiennent à leur propre expérience vécue dans leur incarnation actuelle et aux expériences vécues par leurs ancêtres pour conclure que les guerres ont existé de toute éternité, et que les êtres humains sont belliqueux par nature. D'après moi, ce n'est pas vrai. Je crois que tous les êtres humains sont amour pur au plus profond de leur noyau, car le socle de l'âme est l'amour. Hélas, lorsque les âmes s'incarnent ici-bas, de nos jours, cet amour originel ne transparaît chez elles que par petites touches – tantôt un peu plus, tantôt un peu moins, selon le nombre de couches qui les enveloppent.

Si nous ne ressentons plus l'amour originel, qui est notre essence même, si nous pensons ne plus avoir accès à l'amour, cela ne signifie pas que nous avons perdu l'amour ou que nous avons cessé d'être l'amour. Cette impression est simplement liée aux différentes couches dont nous sommes enveloppés lorsque nous nous incarnons ici-bas, ainsi qu'à leurs limites. Par « couches », j'entends les nombreux modèles, visions du monde, représentations et croyances que nous avons appris dans cette vie-ci ou des vies antérieures, ou que nous avons hérités d'autrui. Ils sont en partie inscrits dans nos gènes et proviennent donc de nos ancêtres. Nous pensons que ces représentations sont la vérité et nous identifions à tort à elles. Et pourtant, quelle que soit la densité des différentes couches qui entourent leur âme, quelles que soient leurs identifications et leurs confusions, tous les êtres humains – et d'ailleurs tous les êtres vivants – sont pur amour au fond d'eux-mêmes. Et cet amour-là, on ne le perdra pas. Quelle bonne nouvelle !

Le dessein originel de la création prévoyait que les Terriens soient des êtres compatissants et aimants, et tel fut le cas durant une période fort longue. Jadis, il y a plusieurs milliers d'années, la Terre était peuplée de civilisations humaines bien plus avancées que l'humanité actuelle, à la fois sur le plan technologique et sur celui de la conscience collective. Les humains de l'époque possédaient des corps plus subtils que les nôtres et ne vivaient pas encore sous l'influence de l'oubli qui frappe nos sociétés aujourd'hui. Ils étaient conscients de leur nature divine et multidimensionnelle et vivaient en paix et en harmonie avec la Terre et leur environnement. On pourrait dire qu'à l'époque, des conditions quasi paradisiaques régnaient sur Terre.

Bien que, dans notre incarnation présente, nul d'entre nous n'ait expérimenté ou vu ce paradis, presque tous les humains portent en eux le désir d'un monde sain et libre, d'une cohabitation pacifique et paradisiaque. Or nous désirons uniquement ce que nous connaissons d'une manière ou d'une autre – il faut donc bien que ce désir provienne d'une époque antérieure. Dans les cellules de notre corps et dans notre subconscient, nous portons l'information selon laquelle une cohabitation pacifique et aimante est possible et qu'elle a même déjà existé ici, sur Terre, dans un passé lointain. Certes, toutes les cultures anciennes et disparues ne vivaient pas dans un monde paisible, sain et libre, mais ce fut le cas pour plusieurs d'entre elles. Cela explique la nostalgie que nous ressentons, au fond de nous, pour ce paradis perdu.

Affirmer que les guerres ont existé de tout temps, que les hommes sont ainsi faits et que l'on n'y peut rien, est un mensonge pur et simple. Cette idée fallacieuse nous sépare de ce que nous savons en réalité, au plus profond de nos cellules et de notre cœur : la paix est possible, elle est même notre droit inaliénable. Et c'est précisément parce que le dessein de notre création prévoit que nous, humains, sommes des êtres pacifiques, aimants et charitables, que nous serons ainsi, une fois effondré le système de discorde qui prévaut encore aujourd'hui.

S'éveiller et se connecter

Comme je l'ai dit plus haut, la Terre est actuellement peuplée d'une multitude d'êtres humains les plus divers, avec des formes de conscience différentes : certains sont encore profondément endormis, d'autres plus ou moins éveillés.

Cependant, le processus d'éveil n'est pas une science exacte : nul ne saurait dire, au juste, à quel point il est déjà éveillé – on ne peut savoir ce que l'on ne sait pas. Si la réalité se compose de dimensions et de niveaux de perception différents (ce que je crois) et si nous ne pouvons connaître, par notre conscience quotidienne, que ce que nous savons déjà, alors aucun d'entre nous ne peut dire quels niveaux de la réalité multidimensionnelle il ne perçoit *pas* encore. En conséquence, personne ne peut non plus juger avec exactitude à quel point il est déjà éveillé. En d'autres termes, ceux qui affirment être complètement éveillés ne le sont peut-être pas autant qu'ils le pensent. On peut facilement s'aveugler soi-même sur ce sujet. Ainsi, on peut tout à fait être en présence de trois personnes ayant un niveau de conscience complètement différent, alors que chacune est convaincue d'être déjà éveillée. Il y a « éveil » et « éveil ».

Cependant, on voit bien que, dans l'humanité actuelle, certains dorment encore profondément tandis que d'autres sont un peu plus avancés sur le chemin de l'éveil. C'est donc logiquement à ces derniers qu'incombe en premier lieu la responsabilité de faire prendre au monde d'aujourd'hui un tournant positif : ils ont une perception et donc une perspective et une conception du monde différentes. Leurs pensées et leurs émotions sont aussi d'une autre nature ; cela leur permet d'accomplir, sur le plan physique, des actes dont les personnes encore endormies sont incapables, pour la simple raison qu'elles ne peuvent pas se les représenter, parce que leur conscience quotidienne n'a pas encore découvert qu'il est possible de créer un monde de paix et d'amour. De surcroît, ces endormis ne pensent pas vraiment par eux-mêmes. S'ils apprennent une nouvelle dans le journal, à la télévision ou à la radio, ou lisent quelque chose dans un manuel scolaire, ils partent du principe qu'il s'agit de la vérité et ne voient aucune raison de mettre ces informations en doute.

Pour ma part, c'est à ces endroits précis que je me poserais de sérieuses questions. J'estime que le système dans lequel nous vivons de nos jours repose sur un petit nombre de mensonges fondamentaux, et si nous voulons transformer le système, renouer avec la vérité, si nous aimons la vie, c'est à nous d'amorcer ce changement. Pour cela, il faut que nous recommencions à penser de manière autonome, que nous fassions un examen critique de nous-mêmes et de ce qui se passe autour de nous, puis que nous modifiions notre comportement individuel et mettions ainsi en branle un changement collectif.

Dès que nous pensons par nous-mêmes, nous cessons de suivre docilement les chemins balisés. Nous nous interrogeons : est-ce que cela est vrai pour moi ? Est-ce que je désire vraiment cela ? Ou est-ce que j'agis simplement parce que je pense devoir agir ou parce que quelqu'un me l'ordonne ?

En bref : si nous voulons vivre à l'avenir dans un monde plus beau et plus sain, si nous voulons nous rapprocher un peu plus du paradis auquel nous aspirons tous, nous devons prendre les choses à bras-le-corps. Nous ne pouvons pas attendre de ceux qui sont encore endormis qu'ils prennent l'initiative.

Il faut que les personnes qui pensent de la même manière et souhaitent s'engager pour le positif, l'amour et la Lumière se connectent les unes aux autres. C'est une étape essentielle. *Cette connexion des forces lumineuses constituera la clé du changement global.* Nous ne devons pas attendre de ceux qui vivent encore sous le joug de l'incertitude, de la confusion et de la peur qu'ils prennent sur-le-champ et en toute conscience le parti de la Lumière. Bien entendu, nous pouvons leur parler et essayer de leur expliquer comment nous voyons les choses, mais il se peut que certains, dans leur conscience, ne soient tout simplement pas encore ouverts et n'aient pas encore accès à cette vision. Inutile alors de se perdre en discussions : si quelqu'un n'est pas ouvert, c'est comme cela, et nous devons le respecter.

Toutefois, créer des liens positifs avec des personnes qui partagent nos idées, qui sont déjà ouvertes, nous donne à la fois force et confiance : nous nous rendons compte que nous ne sommes pas seuls ; le monde brille déjà d'une multitude de points lumineux, c'est pourquoi à la fin, tout ira bien. Il ne fait d'ores et déjà plus le moindre doute que cette folle histoire dans laquelle nous sommes plongés aujourd'hui – où que nous soyons dans le monde – se terminera bien. Les choses finiront bien car, peu à peu, une foule d'humains éveillés et en cours d'éveil – qui ne sont plus disposés à jouer le jeu – ancrent activement la Lumière ici, sur Terre. Elles désirent consciemment le bien et le positif et sont prêtes à faire tout ce qui est en leur pouvoir pour apporter leur pierre à l'édifice.

Selon mon estimation, les humains éveillés sont déjà suffisamment nombreux sur Terre pour améliorer les conditions en profondeur. Mais un problème demeure : nous n'agissons pas tous dans le même sens, nous ne sommes pas unis, mais encore dispersés. Et même parmi ceux qui se qualifieraient d'éveillés, des désaccords, des disputes et des luttes de territoire se font jour – et ces conflits provoquent un éparpillement des énergies. Comme nul d'entre nous ne possède la vérité infuse, on finit toujours par se heurter à des approches différentes et à des divergences d'opinions sur tel ou tel point. Par exemple, certains pensent que la Terre est une sphère, d'autres un disque plat, d'autres encore un cube ou que sais-je encore.

Très franchement, n'y a-t-il pas de questions plus importantes à régler en ce moment ? Tout l'enjeu est d'opposer collectivement à un système global de destruction quelque chose de constructif et de positif. Tout l'enjeu est d'apprendre à vivre les uns avec les autres dans la paix et la concorde, dans un respect mutuel et à ériger quelque chose de nouveau ensemble. Au lieu de cela, nous ne parvenons pas à nous entendre parce que nous ne partageons pas les mêmes points de vue sur des questions accessoires. C'est dommage, et nous devrions tenter de remédier au plus vite à cette situation. Je reconnais qu'il faudra se mettre d'accord sur certains points fondamentaux si nous voulons parvenir à réaliser un effort commun à grande échelle – nos visions du monde, par exemple, ou l'attention centrale que nous portons à l'amour et à la paix. Mais pour le reste, il suffira que les points de vue et l'orientation des consciences soient plus ou moins similaires. On ne peut pas exiger que tout soit absolument identique.

Tant que la foule de ceux qui sont déjà un tant soit peu éveillés dans le monde demeurera divisée et ne constituera pas un bloc, il lui manquera des forces indispensables pour faire vraiment bouger les choses. Nous sommes peut-être assez nombreux, mais pas encore assez unis. Le problème est là. Cette division entre les émissaires de la Lumière est voulue par le système dominant, qui s'emploie à l'attiser. Mais nous pouvons aussi choisir de ne pas nous laisser diviser et d'orienter résolument l'énergie de notre conscience vers notre objectif commun.

Même si, pour l'instant, tous les émissaires de la Lumière ne conjuguent pas leurs efforts, nous pouvons tout de même changer beaucoup de choses à notre niveau individuel. Créer, dans notre environnement, un petit îlot de Lumière et maintenir celle-ci de toutes nos forces permet déjà d'apporter une précieuse contribution.

Le changement global à venir vers le bien a d'abord besoin de nous, les humains terrestres. Certes, nous recevons en permanence l'aide et le soutien du monde spirituel – de notre propre équipe spirituelle, d'êtres de Lumière supradimensionnels et d'êtres extraterrestres positifs –, mais en définitive, c'est bien nous, les humains, qui vivons physiquement ici, sur Terre, et portons la responsabilité première des événements terrestres. La plupart des forces lumineuses qui nous assistent ne vivent pas physiquement ici-bas, à la surface de la Terre. Aussi, il est crucial que nous prenions notre part, en tant qu'humanité – certaines choses ne peuvent être accomplies que par des personnes incarnées.

Chaque âme individuelle incarnée sous forme humaine ici, sur Terre, à notre époque, appartient au dessein divin supérieur. Toutefois, les dirigeants actuels pensent pouvoir continuer à mettre en œuvre leur propre stratégie et ils ont la ferme conviction qu'ils y parviendront. À la fin pourtant, leur projet échouera. Pourquoi ? Parce que nous sommes tous amour – au plus profond de notre noyau –, parce qu'on ne peut pas arrêter l'amour. On peut essayer de le retarder ou de le freiner d'une manière ou d'une autre, mais on ne peut pas l'anéantir. Notre essence originelle fait de nous des êtres d'amour ; peu importe combien de temps nous essayons de la réprimer, cette essence finira tôt ou tard par s'éveiller. La seule question est de savoir quand.

Chaque âme finira par s'éveiller, ce n'est qu'une question de temps – certaines au cours de leur incarnation actuelle, d'autres peut-être dans quelques incarnations. Mais l'humanité tout entière s'éveillera un jour, car chaque humain, chaque âme est amour, et tôt ou tard, cet amour se manifestera. S'éveiller ne signifie en effet rien d'autre que sortir de l'oubli et se souvenir à nouveau de qui nous sommes en vérité. En nous éveillant, nous redevenons, en pleine conscience, ce que nous avons toujours été et serons toujours : des êtres d'amour.

La crise comme signal d'alarme ou : il y a du bon en toute chose

Même si la situation mondiale actuelle est vécue par beaucoup comme extrêmement anxiogène et douloureuse, elle recèle – comme toute chose – une part de positif. Ces deux dernières années, le monde a été le théâtre de bien des événements étranges, et cela continue. Cependant, j'ai la certitude que, grâce à cette situation, justement, beaucoup se sont progressivement éveillés. Ils ont compris que quelque chose de fondamental dysfonctionnait dans notre système. Certes, la crise et ses répercutions ont dégradé leurs conditions de vie à bien des égards, mais pour nombre d'entre eux, elle a également sonné l'heure de l'éveil.

L'oppression systématique que l'on a pu observer, ces dernières années, de façon si flagrante, existait déjà depuis belle lurette, mais la plupart des gens ne la remarquait pas, car ils pensaient que le monde était ainsi fait. Comme les manipulations et les tours de vis n'étaient pas aussi ostensibles jadis, les gens considéraient qu'ils faisaient partie du paysage. Certains pensent qu'ils jouissaient, avant, d'une liberté qu'ils n'auraient perdue que ces deux dernières années. Ils espèrent recouvrer cette liberté antérieure dès que les mesures restrictives seront levées et que la société aura enfin retrouvé « sa normalité ».

De mon point de vue, il y a bien longtemps que la population de la Terre n'est plus vraiment libre. Elle vit, depuis des millénaires, dans un système artificiel et oppressif. Ces dernières années, cet état de fait est apparu au grand jour, et nul ne peut plus l'ignorer. Cela a permis à nombre d'entre nous de s'éveiller et de dissiper l'illusion d'une prétendue liberté. *Cet éveil est une bonne chose. Le fait que nous ne nous bercions plus d'illusions est l'un des aspects positifs de toute cette histoire.*

Il y a du bon en toute chose, mais si l'on veut le voir, il faut y être prêt et croire qu'il y a effectivement du bon en tout – même si, dans certains cas, on ne sait peut-être pas exactement à quoi il ressemble. Pour être en mesure de voir quelque chose, il faut d'abord désirer voir. Et inversement : si nous ne voulons pas voir quelque chose, si nous ne voulons pas croire en quelque chose, nous fermons notre conscience et nous interdisons à nous-mêmes toute possibilité de voir. Nous plaçons une sorte de filtre sur notre conscience, qui dissimule le visible à notre conscience quotidienne. Cette volonté de ne pas voir, de ne pas percevoir un état de fait peut aussi être inconsciente. Consciente ou inconsciente, le résultat est le même : l'absence de perception. Le filtre en cause ici est donc plutôt celui de la volonté de ne pas croire qu'il existe une part de positif dans tout.

Heureusement, il est possible de changer ces filtres de la conscience. Dès que nous apercevons la présence d'un filtre, d'un blocage dans notre conscience, nous pouvons commencer à les dissoudre et à les remplacer par d'autres croyances plus bénéfiques. Nous pouvons décider, dès à présent, de croire qu'à quelque chose malheur est bon. Pour peu que nous *voulions* réellement percevoir cette chose positive, nous finirons par y arriver – même si c'est plus tard, après coup. Lorsque l'on est englué dans une situation particulière, il arrive que l'on ne parvienne pas à identifier clairement ce qu'elle recèle de positif – mais plus tard, un jour ou l'autre, on le découvrira de manière rétrospective.

Un être humain est forcément aimé, quel que soit son niveau de conscience, qu'il veuille reconnaître consciemment le bien ou non. Nous sommes tous toujours aimés. Le fait que cet amour inconditionnel existe dans l'univers et qu'il constitue le substrat originel de chaque être humain explique pourquoi on peut toujours trouver quelque chose de positif, dans chaque situation : l'amour nous aime tous et il fait donc en sorte que nous puissions toujours trouver quelque chose de positif dans toutes les situations, même les plus désagréables. L'amour fait en sorte que nous puissions toujours tirer quelque chose de positif de chaque expérience, aussi désagréable soit-elle. *Nous sommes tous aimés, et grâce à cet amour, il y a partout quelque chose de bon.* Voici la meilleure nouvelle entre toutes.

Pour peu que nous voulions voir, nous finirons par voir. Il arrive souvent que nous ne comprenions qu'a posteriori le contexte global, car, dans notre conscience terrestre humaine, nous avons quelque chose d'étrange, d'un peu limité.

Donner maintenant l'impulsion du changement

De toute façon, nous devenons tous un peu étranges et limités dès que nous nous incarnons ici-bas sous forme humaine. Cela tient, d'une part, au fait que nous avons apporté du passé, dans notre vie actuelle, certaines limites qui nous sont propres et, d'autre part, au fait que nous avons hérité de nos ancêtres certains modèles et certaines empreintes. Dès que nous nous incarnons dans un corps physique, nous héritons des croyances, des opinions et des charges qui furent enregistrées dans nos cellules par nos ancêtres, et qui nous conditionnent – même inconsciemment. Ces multiples influences ont un effet sur nous, et nous devenons tous un peu bizarres lorsque nous nous incarnons sous forme humaine.

La bonne nouvelle, c'est que nous pouvons modifier notre conscience. Dès que nous réalisons que certaines choses nous bloquent, nous pouvons commencer à les changer. Et en les modifiant de façon positive en nous-mêmes, nous transmettons cette information à la fois au champ de conscience collectif de l'humanité tout entière et à notre propre lignée familiale. Nous portons alors cette information dans notre champ énergétique et permettons à d'autres – à qui l'idée n'est pas encore venue à l'esprit – de percevoir cette impulsion de manière inconsciente ou consciente, et de mettre en route à leur tour des changements dans leur vie – s'ils le souhaitent. Bien sûr, ils sont tout à fait libres de vivre comme si tout cela n'existait pas, tout au long de leur incarnation. Mais notre impulsion énergétique présente au moins l'avantage de leur rendre plus facile la possibilité de changer.

Mon expérience m'a enseigné que se lancer dans d'interminables discussions avec des personnes dont nous constatons qu'elles sont encore endormies, refusent de changer d'un iota et pensent, de toute façon, que nous sommes fous parce que nous avons un autre point de vue que le leur, cela n'a pas beaucoup de sens. Pour le moment, elles ne sont tout simplement pas ouvertes à l'idée du changement. Néanmoins, il n'est pas inutile de leur présenter notre manière de voir. Même si elles ne peuvent pas encore comprendre ou accepter ce dont nous témoignons, il n'est pas tout à fait exclu qu'elles s'éveillent plus tard, dans leur incarnation, et se souviennent alors peut-être de nos paroles. Et même si cela ne se produit pas et qu'elles restent endormies durant toute leur incarnation, notre effort n'aura pas été vain.

Car lorsque les humains meurent, leur âme quitte le corps, et leur conscience devient généralement un peu plus claire. Ils se souviennent alors qu'ils ont déjà eu de nombreuses vies antérieures et ont l'occasion de jeter sur celles-ci un coup d'œil rétrospectif. Ils revoient le moment où nous leur avons parlé de notre vision positive des choses et de la promesse de l'éveil, et il se pourrait fort bien que ce souvenir déclenche une prise conscience : « Eh bien, cette personne avait raison, les choses se passent vraiment comme cela. » Dans l'état intermédiaire qui suit la fin d'une incarnation, une âme a donc l'opportunité d'y voir clair et de décider si elle veut emporter, dans son incarnation suivante, les informations dont elle vient de prendre connaissance et qui lui faciliteront l'éveil. Rien ne l'y oblige, évidemment. Une âme peut faire usage de son libre arbitre comme elle le souhaite.

Malgré tout, il est indéniable que nos moindres décisions et actions ont un impact à la fois sur le présent et sur l'avenir – en premier lieu, bien sûr, sur notre vie personnelle, mais aussi, en partie, sur notre environnement et même sur le champ collectif de l'humanité. Voilà encore un bon enseignement.

Caractéristiques de l'éveil

D'ordinaire, nous, les humains terrestres, percevons d'abord et avant tout le présent, bien qu'il nous soit théoriquement possible de voir, en plus, le passé ou le futur, ou les deux à la fois – même si cela se fait rare par les temps qui courent. La plupart des humains ne sont capables de percevoir que le présent de manière consciente. Or certains êtres vivent dans d'autres dimensions et ont une perception du temps totalement différente de la nôtre, ici, dans la troisième dimension. Pour eux, percevoir plusieurs niveaux temporels de manière simultanée est un phénomène absolument normal. Le fait que nous en soyons incapables tient, en règle générale, à notre conscience et à notre fréquence vibratoire du moment. Les êtres doués de vibrations plus élevées, capables de voir un peu plus loin dans l'avenir, connaissent aussi bien le déroulement que les caractéristiques du processus d'éveil, au seuil duquel se trouve désormais l'humanité terrestre. Ils savent que ce processus débute par la prise de conscience de qui nous sommes en vérité.

Plus nous avons de nous-mêmes une conscience aigüe, plus notre vibration individuelle s'élève et plus nous nous éveillons rapidement. Et à mesure que nous nous éveillons, nous percevons, premièrement, qui nous sommes en vérité : des êtres de lumière multidimensionnels actuellement incarnés sous forme humaine terrestre pour participer à un jeu de l'oubli. Deuxièmement, nous identifions les missions individuelles qui nous incombent dans cette vie humaine, et que nous sommes venus accomplir ici-bas. Et troisièmement, nous percevons et discernons de mieux en mieux ce qui est en train de se passer sur la Terre, à savoir une épreuve de force énergétique entre la Lumière et la non-Lumière, que la non-Lumière* a d'ores et déjà perdu, même si elle n'accepte

---

* Dans le présent ouvrage, le concept de « non-Lumière » renvoie : (1) au principe général de négativité, de destruction et de manipulation qui ne respecte ni l'amour ni le libre arbitre des autres êtres vivants et qui est basé sur la pensée hostile et la violence ; (2) à des êtres terrestres ou extraterrestres qui ont adopté la mentalité de la non-Lumière et utilisent des méthodes destructrices et manipulatrices pour ériger et maintenir un système basé sur la peur, l'insécurité et la confusion.

toujours pas de reconnaître sa défaite. Ces trois révélations constituent les caractéristiques de l'éveil.

Plus nous prenons conscience de notre vraie nature d'êtres de la Lumière, plus nous accomplissons nos missions de vie et plus nous devinons le jeu entre la Lumière et la non-Lumière, plus nos décisions sont prises dans la clarté : que voulons-nous vraiment et que refusons-nous, que souhaitons-nous soutenir par le biais de notre énergie et que refusons-nous d'encourager ? Il est impératif de prendre ces décisions de manière consciente, car tout ce que nous faisons – et même tout ce qui se passe en général – commence par une décision. Nous avons tous le droit de dire ce que nous ne voulons pas – ou plus – et de ne pas soutenir des choses que nous ne considérons pas comme bénéfiques pour nous-mêmes. Et nous avons aussi le droit de faire des propositions alternatives. Si nous ne décidons pas de manière responsable de ce que nous voulons et ne voulons pas pour nous-mêmes, les autres en décideront pour nous, passant outre notre cœur. Nous avons donc absolument besoin d'une clarté intérieure. Cette clarté est également une caractéristique de l'éveil.

Du reste, chez la plupart des humains, le processus d'élévation de la vibration individuelle, et donc aussi le processus d'éveil, se déroulent par étapes, de sorte que le corps physique puisse s'adapter en douceur à l'augmentation de la fréquence de la vibration et de l'énergie. Sans cela, le corps physique serait vite dépassé. Il possède sa propre conscience et sa propre capacité de perception et il est capable de communiquer par télépathie avec notre équipe spirituelle. Ce n'est pas parce qu'il s'agit d'un corps physique qu'il est limité au niveau physique dans sa perception ou dans sa communication.

Ne vous rendormez pas s'il vous plaît

Les circonstances étranges qui ont secoué le monde, ces dernières années, ont probablement amené certains à se laisser envelopper un peu plus profondément encore dans l'oubli, par peur et par confusion. Ceux-là ont choisi de ne pas s'éveiller pour le moment, et il convient de respecter ce choix. Mais je suis convaincue que ces deux années ont produit l'effet exactement inverse sur une foule d'autres humains, qui ont commencé à s'éveiller peu à peu, à élargir l'horizon de leur conscience. Toutefois, si un relâchement intervenait dans leur environnement et que certaines mesures soient à nouveau levées, ils pourraient considérer le problème comme résolu et se rendormir.

Ce serait vraiment dommage, car les structures non lumineuses, leurs plans et leurs projets sont toujours en place, et les dirigeants actuels tiennent coûte que coûte à les mettre en œuvre. Les humains devraient donc faire preuve d'une vigilance accrue pour ne pas retomber dans leurs anciens modèles ni replonger dans le sommeil. D'ailleurs, c'est sans doute l'effet recherché par la levée ou l'assouplissement des mesures : donner aux gens un sentiment de sécurité qui les conduise à se rendormir docilement, comme si de rien n'était.

C'est pourquoi je trouve si important d'avoir une compréhension approfondie de ce qui se joue maintenant sur Terre et de replacer les circonstances actuelles dans un contexte plus large. En effet, plus on parvient à regarder au-delà des apparences, moins on court le risque de se rendormir dès qu'apparaissent les signes d'un apaisement apparent voire d'un « retour à la normale » dans la vie extérieure.

Plus rien ne sera jamais comme avant

Ces dernières années, la plupart des gens ont accepté toutes les mesures et les règles imposées par les politiciens et les scientifiques pour une seule et unique raison : ils espéraient qu'à la fin, ils retrouveraient leur vie d'avant. Cette position est tout à fait légitime, mais honnêtement, je ne crois pas que les choses redeviendront un jour comme avant. La vie que nous avons connue jusqu'à récemment ne reviendra plus, car cela n'entre ni dans le dessein de la Lumière, ni dans les visées de la non-Lumière.

On peut bien nous raconter ce que l'on veut : depuis le début de cette histoire, il n'a jamais été question que les humains retrouvent un jour leur ancienne vie. Mais il était impossible de l'annoncer de but en blanc à la population : la grande majorité aurait à coup sûr protesté haut et fort et refusé d'obéir. C'est pourquoi on nous a assuré que toutes ces mesures et restrictions étaient transitoires et qu'ensuite, on retournerait à la « normalité ». On nous a donc construit un récit pour justifier la nécessité des mesures prises, et c'est ainsi que la plupart des gens les ont endurées en silence.

Les raconteurs – ces personnes omniprésentes dans les médias et censées prendre les décisions – ne sont pas indépendants en réalité. D'autres instances se cachent derrière eux, qu'il s'agisse d'humains en chair et en os ou d'êtres subtils. Ces puissances de l'ombre poursuivent leurs propres plans – connus sous les noms d'« Agenda 2030 », de « Great Reset » et bien d'autres encore. Pour mettre en œuvre leurs projets, elles s'appuient en particulier sur les gouvernements et les scientifiques. Pour ceux qui ne connaissent pas l'envers du décor ou qui ne croient pas à l'existence même d'un envers du décor, les présentations officielles de ces projets semblent aussi séduisantes qu'inoffensives. Mais de mon point de vue, l'histoire racontée pendant ces dernières années n'était rien d'autre qu'une énième manœuvre stratégique pour accomplir de manière insidieuse ces buts non lumineux, dont la finalité est la surveillance et le contrôle absolus de l'humanité. Virus et autres pandémies ne sont guère que des écrans de fumée qui servent à dissimuler les véritables visées de la non-Lumière. Par bonheur, il ne fait pas le moindre doute que ces projets ne verront jamais le jour.

Lorsque j'aborde ce genre de sujets, je ne cherche pas à effrayer les gens. Au contraire, je leur propose d'élargir la vision du monde qui était la leur jusqu'à présent et de porter un regard nouveau sur leur existence, et ce, dans le but de chasser leurs peurs, de comprendre qui ils sont en réalité et combien ils sont plus puissants que les femmes et les hommes de pouvoir non lumineux autoproclamés. Découvrir l'envers du décor nous permet de gérer différemment notre propre situation et de réagir de manière positive aux circonstances actuelles – car ainsi, nous y voyons clair. La clarté et le savoir constituent de puissants alliés capables de nous extirper des sentiments d'impuissance.

Après ces deux années, parmi les éveillés, certains se sentent fatigués, impuissants et désespérés ; ils se demandent même s'ils ne vont pas baisser les bras et se plier aux exigences du système. À mon avis, ce serait fort regrettable, car abandonner maintenant signifierait que toute la persévérance dont ils ont fait preuve ces dernières années, et même avant, n'aurait servi à rien. C'est pourquoi il est indispensable de rester en mouvement et de tenir bon, même si nous devons nous attendre à ce que la pression exercée sur la population augmente encore dans un avenir proche.

J'ai déjà souligné combien il est essentiel de prendre des décisions conscientes et claires sur ce que nous voulons soutenir ou non par le biais de notre énergie. Et comme nous ne cessons d'apprendre en la matière, il se peut que nous nous rendions compte, à un moment donné, qu'une décision que nous avons prise, par le passé, n'était pas si bonne que nous le pensions. Mais ce n'est pas grave ; nous ne devrions pas battre notre coulpe pour si peu. En effet, nous avons toujours la possibilité de changer d'avis. L'avantage des décisions, c'est qu'elles ne sont pas immuables. Si nous constatons que le chemin que nous avons suivi jusqu'à présent, en tant qu'individu ou que société, ne mène nulle part, nous pouvons décider de bifurquer.

Quel que soit le passé, nous pouvons décider aujourd'hui de vivre à l'avenir dans un monde de beauté et de paix, dans un monde libre. Alors, il ne nous reste plus qu'à faire cause commune avec des personnes ayant le même idéal de liberté et de paix pour commencer, ensemble, à bâtir ce nouveau monde.

Ce que nous pouvons (ne pas) attendre de la politique

Nous ne pouvons pas attendre de la politique actuelle un tel changement de cap vers le positif. Les politiciens ne peuvent pas opérer un tel tournant, car ils évoluent tous dans un système global qui ne prévoit ni ne permet une coexistence libre et pacifique entre les humains. Cela vaut d'ailleurs pour tous les pays du monde, peu importe leur régime politique officiel.

Bien entendu, on trouve toujours ici ou là des femmes et des hommes politiques de bonne volonté, qui souhaitent s'engager pour le positif. Mais ils ne peuvent pas tirer leur épingle du jeu politique actuel, et beaucoup d'entre eux n'ont probablement pas la moindre idée de ce qui se trame en réalité derrière ce système global. Malheureusement, la sphère politique est aussi remplie de gens qui sont tout sauf des philanthropes et qui nourrissent des intentions malveillantes à l'égard de la population. Ils poursuivront leurs projets jusqu'à ce que l'effondrement de leur système les arrête. Réagir au système avec des sentiments de peur, d'impuissance, de colère ou de condamnation ne sert à rien : non seulement on n'atteint pas sa cible, mais en plus on la renforce indirectement sur le plan énergétique. Il est bien plus efficace de focaliser notre conscience sur le bien et, avec l'amorce de l'effondrement du système négatif actuel, de consacrer dès maintenant notre énergie à la construction d'un nouvel ordre positif.

Nous sommes invités à identifier le plus clairement possible les systèmes – politique, économique, scientifique, religieux, etc. – dans lesquels nous vivons actuellement. Il faudra absolument mettre ces systèmes au jour pour espérer ne plus être manipulés par eux à notre insu. Nous devrions donc tous estimer sans ambiguïté, pour nous-mêmes, dans quelle mesure nous approuvons ou non les plans et les agissements de ceux qui tiennent les rênes du pouvoir. Et chacun de nous devrait décider dans quelle mesure il ou elle y prend part sur le plan physique. Il est vrai que refuser de se soumettre sans violence et avec amour, rejeter les structures dominantes et ne pas y participer, demande parfois du courage, mais cela s'avère crucial si nous voulons un avenir positif pour la Terre. Nous ne sommes pas impuissants – le véritable pouvoir sur l'avenir de cette planète nous appartient, à nous, êtres humains. Les politiciens n'ont de pouvoir sur nous que si nous les laissons faire.

Les stratégies de la non-Lumière continuent de prospérer, et cela tient, à mon avis, principalement à deux raisons : d'abord, la plupart des gens ignorent ce qu'ils sont en vérité, et cette ignorance protège la non-Lumière et lui permet d'agir en grande partie à l'abri des regards. Ensuite, ceux qui y prennent part docilement sont encore trop nombreux. Même si nous avons déjà une idée approximative de ce qui se passe en réalité, tant que nous participons de manière soumise, nous continuons à alimenter les plans des forces non lumineuses. Nous avons pris la mauvaise habitude de déléguer la responsabilité de notre vie (qui nous incombe pourtant) aux politiciens notamment. Nous pensons : laissons-les s'occuper de tout, nous n'aurons pas à bouger le petit doigt. Il faut que nous perdions cette habitude d'une part en nous éveillant peu à peu et, d'autre part, en assumant à nouveau nous-mêmes la responsabilité de notre vie et de notre coexistence.

Le changement global vers le positif dépend en premier lieu de l'éveil et de la connexion les plus rapides possibles du plus grand nombre possible d'individus. Plus les personnes déjà éveillées seront nombreuses, plus il sera facile pour les autres de s'éveiller à leur tour, car un travail préparatoire aura été accompli dans le champ collectif. Je le répète : tout ce que nous faisons a un impact présent et futur sur les autres – même si nous n'en sommes pas conscients.

L'inverse est vrai : lorsque nous essayons de faire quelque chose de totalement nouveau, que personne n'a jamais accompli auparavant, nous constatons souvent que c'est un peu compliqué et laborieux. Cela tient au fait que personne n'a réalisé le travail préparatoire correspondant. Même si la tâche des pionniers et des novateurs est toujours un peu plus ardue et complexe, leurs efforts n'en sont que plus précieux, car ils effectuent ce travail préparatoire pour tous ceux qui viendront après eux.

Ainsi, les pionniers qui ont parlé pour la première fois en public de sujets spirituels, il y a des décennies, n'ont certainement pas eu la tâche aisée. Les gens pensaient probablement à l'époque qu'ils étaient complètement fous. De nos jours, en revanche, c'est beaucoup plus facile – dans une certaine mesure du moins – et le mérite en revient à ces pionniers spirituels qui n'ont pas abandonné, mais ont persévéré en dépit de toutes les difficultés et résistances auxquelles ils ont dû faire face.

Cela signifie une chose pour nous : si nous sommes connectés à notre cœur et à l'amour, mais que les conditions sociales et politiques dans lesquelles nous vivons nous poussent dans la direction opposée, suivre le principe de l'« insoumission de l'amour » nous permettra peut-être d'accomplir des actes en parfaite cohérence avec ce que nous sommes, même si les politiciens et une partie de la population ne peuvent pas les comprendre ou les approuver. Cela demande du courage, c'est vrai, mais le jeu en vaut la chandelle, car c'est un travail préparatoire précieux pour ceux qui viendront ensuite.

On a besoin de toi – sinon tu ne serais pas là

Chaque domaine a besoin de ses pionniers qui préparent le terrain pour que d'autres puissent ensuite franchir les étapes – cinq, dix ou vingt ans plus tard, peut-être même plus. Nous ne devrions donc jamais sous-estimer la valeur de l'audace.

De même, il ne faudrait pas se sous-évaluer soi-même. Certes, nous ne sommes que des individus, mais dans le processus global d'éveil de l'humanité, chacun produit un effet et compte – sinon il ne serait pas là. Même si, dans notre conscience quotidienne, nous l'avons peut-être oublié, beaucoup d'entre nous sont venus volontairement ici, sur Terre, car ils voulaient participer de manière active à ce processus collectif. Chacun d'entre nous a son propre champ de compétences, dans lequel il peut réaliser ses missions individuelles et produire un effet. Or la somme des petits riens accomplis par une multitude de personnes dans leur domaine débouche sur quelque chose de grand.

Oui, des changements vont avoir lieu et rien ne sera plus comme avant. À court terme, nous allons probablement vivre encore d'autres moments éprouvants et chaotiques, et nous devons nous préparer à quelques mauvaises surprises. Mais à un moment donné, dans un futur proche, tout cela prendra fin comme par enchantement. Au bout du compte, c'est un changement vers le bien qui s'annonce, dont nous ne devons pas avoir peur.

Ce tournant vers le positif a beau être irrémédiable, tout changement requiert des ingrédients particuliers et certaines exigences à remplir – comme si nous voulions cuisiner un gâteau. Toute recette liste une série d'ingrédients bien précis, et s'il en manque ne serait-ce qu'un seul, le résultat est forcément différent. Eh bien, il en va de même pour le changement en question : si l'on veut qu'il ait lieu, il faut réunir une série d'ingrédients. Et il en manque encore quelques-uns pour que puisse se produire ce basculement global d'un système non lumineux vers une société plus libre et plus belle. Il s'agit d'un changement à grande échelle, d'envergure mondiale, qui concerne une foule d'humains dans tous les pays et sur tous les continents, et qui nécessite donc de nombreux ingrédients particuliers.

Aussi, nous devons encore faire preuve d'un peu de patience et essayer, en attendant, de tirer le meilleur parti de la situation actuelle. C'est d'ailleurs un conseil à suivre en toutes circonstances – même les plus pénibles. Nous ne maîtrisons ni ce qui en résultera ni le moment exact où nos souhaits se réaliseront, mais nous pouvons toujours faire de notre mieux. C'est largement suffisant.

En conclusion, jusqu'à ce que l'ensemble des ingrédients nécessaires à la libération globale soient réunis, il y a fort à parier que les choses empirent et nous acculent, avant que tout finisse par aller bien. Toutefois, ces événements ne seront pas les signes précurseurs d'une fin du monde imminente, mais simplement les ultimes tentatives désespérées de l'ancien système pour repousser un court instant sa fin déjà scellée. C'est pourquoi nous sommes enjoints, une fois de plus, de rester patients et de tenir bon pendant cette dernière phase d'obscurité avant le lever du soleil ; d'avoir confiance et de ne pas jeter l'éponge ; de faire preuve de courage et de continuer à œuvrer pour le bien avec détermination et bravoure.

Pour cela, il faut le concours de chacune et de chacun d'entre nous. Et aussi le tien. Tu es invité(e) à t'éveiller dès à présent, pas à pas, et à comprendre qui tu es, pourquoi tu es ici et comment tu peux apporter ta pierre à l'édifice. En même temps, tu es invité(e) à percer à jour ce qui se passe aujourd'hui sur la scène mondiale, afin d'éviter de t'endormir à nouveau. Enfin, tu es invité(e) à gagner en discernement et en responsabilité personnelle, car ces deux qualités seront d'une grande utilité, pour toi et pour nous tous, surtout en cette période étrange.

2

La fin du système non lumineux

[Questions et réponses
sur la situation mondiale actuelle]

Reconnaître et surpasser la non-Lumière

Question : Il n'est pas rare que l'on entende le conseil suivant : ne te focalise pas sur l'obscurité, la non-Lumière, mais exclusivement sur la Lumière. Sinon, l'énergie de ton attention renforce la non-Lumière. Certes, on peut comprendre cette position, mais ne pourrait-on pas soutenir aussi qu'il faut être lucide sur l'existence de la non-Lumière pour pouvoir la percer à jour et prendre ses distances avec elle de manière consciente ? Comment trouver la bonne formule, le bon équilibre ?

Réponse : Bien sûr, l'essentiel est de se concentrer sur ce que nous visons : le beau, le bon et le lumineux. Mais il faut aussi que nous soyons capables de reconnaître l'obscurité, afin d'éviter d'être manipulés par la non-Lumière sans nous en rendre compte.

Trouver le bon équilibre est probablement une question de sentiment individuel. Nous sommes seuls responsables du fait que notre conscience aille bien. Si nous nous voilons la face sur ce qui se passe autour de nous, nous finirons tôt ou tard par ressentir un malaise à force d'être manipulés en permanence sans le savoir, et par ajouter foi à des choses qui ne sont pas bénéfiques pour nous. Toutefois, si nous observons l'obscurité avec trop d'insistance, il va de soi que cela ne nous fait pas de bien non plus. Chacun devrait donc se fier à son propre sentiment en la matière pour trouver la formule qui lui convient.

Quant à savoir si l'attention que nous portons à la non-Lumière la renforce, je dirais que cela tient pour une large part à la nature de cette attention. Si la non-Lumière nous procure un sentiment de peur et l'impression d'être petits et impuissants, nous lui transmettons de l'énergie, et il faut s'en garder évidemment. Cependant, connaître l'existence de la non-Lumière peut aussi nous apporter une clarté d'esprit qui nous empêche, par exemple, de faire des dons aux mauvaises organisations ou, plus généralement, nous permette de mieux comprendre ce qui se joue ici-bas, sur Terre.

Ce qui compte, c'est la manière dont nous éprouvons ce contact avec la non-Lumière et les leçons que nous tirons de ce que nous en savons : soit cela nous apporte une clarté suffisante pour mieux comprendre et décider où nous devons aller, soit cela nous rend anxieux et impuissants.

Mais n'oublions jamais une chose : les forces non lumineuses ont tout intérêt à nous convaincre de leur surpuissance et de leur emprise absolue, mais en réalité, c'est un leurre. En fait, l'humanité a son destin entre les mains. La non-Lumière n'exerce sur nous un pouvoir que si nous la croyons et jouons le jeu qu'elle nous impose. Il faut donc connaître et percer à jour ses machinations si nous voulons éviter de prendre part à son funeste jeu par pure ignorance et naïveté.

Question : Que se passerait-il si l'humanité cessait collectivement d'obéir aux ordres de la non-Lumière ?

Réponse : La non-Lumière n'aurait d'autre choix que de s'avouer immédiatement vaincue. Si les humains prenaient vraiment conscience du système dans lequel ils vivent et refusaient tout de go – non seulement par la parole, mais aussi par leurs actes, sur le plan physique – de continuer à vivre ainsi, les êtres non lumineux perdraient sur-le-champ leur pouvoir et leur influence. La mainmise qu'ils exercent sur cette planète dépend uniquement du fait que les gens les suivent.

Considérons par exemple toutes les mesures et restrictions prises au cours des dernières années de « covid » : pour des raisons qui leur appartiennent, la plupart des gens les ont suivies sans réfléchir. Imaginons que plus personne ne joue le jeu à partir d'aujourd'hui : demain, cette histoire serait derrière nous. J'insiste : le pouvoir est entre nos mains, et la non-Lumière ne peut exercer une influence sur nous que si notre conscience est réceptive à son action. Plus nous avons d'angles morts et de zones d'inconscience, plus nous prêtons le flanc au contrôle de la non-Lumière. Et plus nous vivons dans la peur, plus il est facile de nous manipuler.

Tu n'es pas seul(e)

Question : Beaucoup doutent, justement parce qu'ils se sentent impuissants et se demandent : « Que puis-je donc bien faire seul(e) ? » Alors, ils attendent que les autres initient un changement. Mais il va bien falloir faire le premier pas. Comment pouvons-nous y parvenir ?

Réponse : Ces personnes pensent probablement qu'elles sont seules et qu'il leur arrivera malheur si elles ne se soumettent pas. Et cela est vrai, si l'on parle d'une personne isolée ou d'un petit nombre d'individus – dix, cent ou même mille. En revanche, dès qu'un nombre suffisant d'êtres humains refuseront en même temps de continuer à jouer le jeu et opteront consciemment pour quelque chose de nouveau, alors tout changera en un clin d'œil. Que peut l'appareil du pouvoir contre des millions de personnes ? Il est démuni.

Pour qu'un changement global se produise vers le bien, il faut que certains aient assez de courage pour faire le premier pas. Bien sûr, au début, on ne sait pas toujours ce qui va en résulter. Mais si nous restons tous transis de peur, sans oser initier quoi que ce soit, nous n'avancerons pas d'un pouce. Beaucoup manquent de courage parce qu'ils ont peur de l'inconnu et ignorent tout de ce qui adviendra une fois le système actuel à terre. Cela est tout à fait compréhensible. Mais chacun devrait se demander : « D'où viennent mes doutes et mes peurs en vérité ? Proviennent-ils simplement de mon mental, tandis qu'au fond, mon cœur est bien plus intrépide et courageux ? » – Peut-être notre cœur nous exhorte-t-il : « Tu peux prendre ton courage à deux mains et oser franchir le pas. » Si, au fond de nous, nous entendons cette voix du cœur, nous pouvons être sûrs que nous recevrons l'aide et le soutien nécessaires de notre équipe spirituelle et de notre propre âme. Notre âme, notre moi supérieur, parle à notre conscience quotidienne par la voix de notre cœur.

N'oublions pas que nous ne sommes pas seuls. Aucune Lumière n'est seule. Nous n'avons jamais été seuls par le passé, pas plus que nous ne sommes livrés à nous-mêmes aujourd'hui. Partout dans le monde, une foule de personnes lumineuses partagent déjà notre point de vue, ont de bonnes idées pour inventer de nouvelles formes de vie en commun qui soient respectueuses de la dignité. Nous pourrions donc franchir la prochaine étape à leurs côtés. Prendre conscience que nous ne sommes pas seuls nous donnera confiance et force, y compris dans les moments difficiles. À présent, tout l'enjeu consiste à nous connecter et à nous unir activement avec les autres forces positives pour déterminer ensemble dans quelle direction nous voulons aller.

Lorsque, en ces temps étranges, il nous arrive d'être gagnés par la fatigue, le désenchantement voire le désespoir, et que nous ne trouvons pas d'issue, il est utile de se rappeler, d'une part, qu'il existe déjà beaucoup de bonnes personnes et de bons projets* ici-bas, sur Terre, et d'autre part, qu'à la fin tout ira bien – quoi qu'il arrive.

De même, nous devrions toujours nous rappeler qu'à chaque situation correspond une solution positive et que les choses peuvent très vite prendre le tournant du bien – même si nous n'y croyons pas du tout sur le moment. Nous traversons de temps en temps des périodes passagères de désespoir, mais ce n'est pas pour autant que tout est perdu. Parfois, nous ne voyons simplement aucune raison d'être optimistes,

---

* L'un de ces projets positifs et lumineux est *Le Manifeste de la Nouvelle Terre* (The New Earth Manifesto) que nous recommandons sans réserve.
Site Internet : TheNewEarthManifesto.com/fr/

surtout lorsque nous ployons sous le faix de circonstances démoralisantes. Lorsque nous avons perdu espoir et que nous ne savons pas comment nous en sortir, l'essentiel est de rester indulgent avec soi-même et de ne pas se juger.

D'autres peuvent nous redonner courage dans ces moments sombres en nous apportant un point de vue différent. C'est une des raisons de se connecter et d'échanger avec des personnes sur la même longueur d'onde que nous. Seuls, nous ne parviendrons pas à traverser cette période ; nous avons besoin des autres.

Pour ma part, j'ai trouvé une méthode préventive pour le cas où je ne parviendrais pas à ressentir la meilleure façon de gérer des situations difficiles : chaque fois que j'entends ou lis des choses positives et encourageantes dans ma vie quotidienne, je les écris sur une feuille de papier que j'accroche à ma porte. Dans les moments où je ne me sens pas très bien, je lis ces petits mots. Et comme tout y est positif, ils tombent à point nommé, même si, dans un premier temps, je ne les perçois que sur le plan du mental – comme une théorie – et ne ressens pas leur action positive au niveau des sentiments. Il faut juste s'armer d'un peu de patience : la clarté et l'espoir finissent toujours par refluer vers les sentiments. Si nos pensées sont baignées de clarté, tôt ou tard, nous ressentirons les choses à nouveau plus clairement.

Question : Parfois, les gens se sentent isolés, y compris au sein de leur propre famille, à cause de leurs opinions et de leurs idées. Ils ont l'impression que leurs proches et leurs amis sont incapables de les comprendre voire pensent qu'ils sont devenus fous. Que recommanderais-tu dans une telle situation ?

Réponse : Eh oui, il peut arriver que les membres de notre famille ainsi que nos amis ne soient pas en mesure de nous comprendre en raison de leurs propres modèles de pensée ou de leurs propres peurs. Il faut faire preuve de compréhension et de respect à leur égard et ne pas leur imposer nos points de vue. Bien sûr, nous pouvons essayer de leur expliquer notre manière de voir, mais s'ils font la sourde oreille, inutile d'insister. Tout cela ne sert à rien si nous finissons par provoquer des disputes. Vivre et laisser vivre. Dans les cas extrêmes, lorsque nos parents, amis ou collègues cherchent sans cesse à croiser le fer avec nous, il ne nous reste pas d'autre choix que de prendre nos distances avec eux. Nous pourrons ainsi éviter de dilapider nos forces et vivre selon nos convictions sans être dérangés, tout en continuant à leur témoigner, de loin, compréhension et compassion.

Pour ne pas perdre confiance dans de telles circonstances, il est utile de se souvenir que l'ordre divin veille à ce que des émissaires de la Lumière soient présents partout dans le monde, dans tous les pays et dans toutes les familles. Ces sources de Lumière sont parfois si dispersées que nous nous retrouvons temporairement isolés au sein de notre propre famille ou de notre environnement lorsque l'on s'incarne sur cette planète sous la forme d'une âme à haute vibration. De temps à autres, la situation devient pesante. On peut alors se consoler en se rappelant que c'est le prix à payer si l'on veut apporter un supplément de conscience quelque part.

Le changement nécessaire vers le bien doit venir de nous, émissaires de la Lumière. De qui d'autre pourrait-il provenir ? Nous ne pouvons pas attendre de ceux qui dorment encore ou qui sont encore transis de peurs qu'ils fassent le premier pas. Et il n'y a aucune chance que ce changement vienne de la politique actuelle.

Les protestations politiques

Question : Quelle est ta position concernant des actions comme les protestations publiques, les manifestations politiques, etc. ?

Réponse : Je pense que cela dépend d'abord et avant tout de la conscience et des motivations des participants. Il existe sans doute des exemples d'actions ayant permis d'empêcher ou d'infléchir certaines choses, mais je n'ai pas l'impression que ce type de protestations permette de construire durablement un monde meilleur ni de résoudre tout ce qui ne tourne pas rond ici, sur Terre, en ce moment.

La plupart de ceux qui descendent dans la rue ont, vis-à-vis du système en place, des exigences qu'il ne peut satisfaire. Leur objectif principal consiste bien souvent à retrouver leur vie d'avant – avant toute cette histoire de pandémie par exemple. Ils pensent avoir été privés de leur ancienne liberté pendant ces deux années, et c'est cette liberté qu'ils réclament aujourd'hui. Toutefois, selon ma conception de la liberté, ils n'étaient déjà pas vraiment libres auparavant ; seulement, la plupart ne s'en rendait pas compte. C'est pourquoi je ne considère pas ces manifestations politiques comme une véritable solution, surtout lorsqu'elles s'accompagnent de haine et de violence et finissent en batailles rangées avec la police. On ne devrait participer à un rassemblement que si l'on est en phase avec lui et que l'on puisse y prendre part de tout son cœur. Ces protestations présentent tout de même un avantage : elles prouvent que des foules sont désormais disposées à agir de manière concrète pour améliorer la situation.

Chaque fois que j'assiste à ce genre de défilés et d'actions protestataires, je ne peux m'empêcher de penser : comme ce serait bien si tous ces manifestants, ainsi que les organisateurs de ces rassemblements, unissaient leurs énergies pour la construction d'une société positive ! Imaginez un peu ce qui pourrait advenir si, au lieu de protester contre l'ancien et le négatif, ils commençaient tout simplement à bâtir le nouveau et le positif ! Tant de belles choses pourraient voir le jour ! En même temps, le fait que les gens manifestent leur mécontentement dans la rue est aussi un signe positif : ceux qui ont l'impression d'être seuls peuvent constater que ce n'est pas le cas. Je trouve important que les gens affirment ouvertement ce qu'ils ne veulent pas et lancent ainsi un signal. De plus, le fait que la population exprime haut et fort sa volonté est fondamental pour nos aides spirituels lumineux : cela leur donne la permission d'agir.

L'ancien système – dans lequel nous vivons encore – ne peut être sauvé. De toute façon, il n'a jamais été conçu pour nous faire du bien, à nous les humains. C'est pourquoi je recommande que nous réfléchissions maintenant, ensemble, avec les forces lumineuses, à la manière dont nous pouvons construire peu à peu un monde nouveau et meilleur, parallèlement au système existant. Que ceux qui descendent aujourd'hui dans la rue emploient leur énergie à refuser tout net, sans haine, sans condamnation – et bien sûr sans violence – de supporter plus longtemps le système et s'engagent de manière pacifique pour une cause réellement constructive et bonne, alors la situation s'améliorera très vite.

On peut comprendre l'emportement des gens face à la situation mondiale actuelle. La colère est une énergie puissante que l'on peut libérer aussi bien à des fins constructives que destructives. Nous pouvons opposer une résistance non violente au système de la non-Lumière en proclamant avec courage et détermination : « Nous cessons de nous soumettre à votre diktat et de participer à votre système. Désormais, nous suivrons notre propre chemin. » Lorsque, de cette manière, notre rage devient courage, nous avons la force de rester fermes, de ne pas reculer et de fixer des limites – une force qui nous ferait défaut si nous étions transis de peur. Ce type de colère ou rage est quelque chose de positif, car elle ne détruit rien, mais nous aide à accomplir ce que nous voulons vraiment.

Question : À quoi pourrait ressembler concrètement cette non-participation, cette insoumission pacifique ?

Réponse : Elle peut prendre forme à tous les niveaux. D'une part, on peut faire preuve d'insoumission au niveau physique, en cessant, par exemple, de manger de la viande, car on refuse de cautionner le traitement cruel infligé aux animaux et leur abattage ; en quittant l'Église si l'on constate que ses opinions et ses actions sont incompatibles avec nos propres convictions ; en résiliant notre abonnement à des journaux et autres médias parce qu'on décide de ne pas s'exposer plus longtemps à leurs reportages manipulateurs. Ainsi, sur le plan physique, nous devrions toujours agir de manière cohérente, en fonction de notre compréhension des choses, de ce que nous tenons pour vrai.

D'autre part, nous pouvons exprimer cette insoumission au niveau subtil de la conscience. Tout cela est, au fond, une question de conscience. Puisque le plan du système non lumineux implique que tout ce qui est positif, beau et humain doit disparaître, nous pouvons simplement refuser ce projet et, en notre conscience, préserver et vivre justement les choses positives et belles. Après tout, ce sont elles qui nous définissent en tant qu'êtres humains. La positivité et l'amour sont les formes les plus accomplies de l'insoumission.

La « matrice de la non-Lumière »

Question : On prétend parfois que l'humanité est prisonnière d'une sorte de « matrice de non-Lumière ». Peux-tu expliquer ce qu'est exactement cette matrice et comment nous pouvons nous en libérer ?

Réponse : La matrice est une sorte de grillage énergétique subtil qui a été tendu autour de la Terre par les êtres de la non-Lumière et qui maintient la conscience des hommes dans l'illusion. Nous vivons tous également dans une matrice physique – les systèmes politique, économique, scientifique et religieux – dont nous sommes otages.

Pour se libérer de cette matrice, rien de plus simple : il faut s'éveiller dans sa conscience. Si nous nous éveillons et nous libérons, au cœur de notre conscience, cela aura tôt ou tard des répercussions sur le plan physique – sur la manière dont nous vivons ou dont nous interagissons les uns avec les autres et avec la nature, etc. Une fois notre conscience libérée de la matrice, cette émancipation se manifestera aussi sur le plan physique. Toutefois, cela exige de nous une décision consciente. Après avoir compris que le système dominant dysfonctionne, il faudrait en toute logique que nous décidions de ne plus nous y soumettre et de ne plus y prendre part.

Question : Serait-il alors juste d'affirmer que « l'insoumission de l'amour » la plus efficace consiste à prendre conscience que nous sommes Lumière et amour au plus profond de nous ? Cette prise de conscience est précisément ce que la non-Lumière tente d'empêcher avec sa matrice d'illusion. Vu sous cet angle, s'éveiller est la plus grande marque d'insoumission dont nous pouvons faire preuve.

Réponse : C'est exact. L'éveil constitue la partie essentielle de l'insoumission. Mais après l'éveil, nous devons aussi commencer à agir en fonction de nos nouvelles connaissances. Faute de quoi nous demeurerons coincés dans la matrice, car nous continuerons à la soutenir sur le plan physique. Toutefois, la clé est et reste bien sûr la conscience.

Question : Comment et par qui la matrice terrestre a-t-elle été créée ?

Réponse : Eh bien, pour expliquer cela, je dois replacer les choses dans un contexte plus vaste et remonter assez loin dans l'histoire de l'humanité. De plus, pour répondre à cette question, il est indispensable de mentionner le rôle des civilisations extraterrestres, car elles sont essentielles pour comprendre cet arrière-plan. Je suis tout à fait consciente que la question des « extraterrestres » constitue une ligne rouge pour un grand nombre de personnes qui n'ont, jusqu'à présent, jamais accordé de place à l'existence d'une vie extraterrestre dans leur vision du monde. Pourtant, il est inévitable de parler d'extraterrestres si l'on veut réellement comprendre ce qui se trame ici, sur Terre.

Tout a donc commencé voici des milliers d'années, lorsque des extraterrestres non lumineux, qui n'étaient pas disposés positivement à l'égard des humains, ont colonisé la Terre et instauré un système d'oppression qui n'était pas prévu dans le dessein originel. Depuis, l'humanité vit dans ce système comme dans une prison. À cette époque, les oppresseurs extraterrestres ont manipulé l'ADN des humains de manière à créer une matrice de l'oubli qui les maintienne dans une illusion constante. Je ne sais pas dans le détail comment ils ont procédé.

Quoi qu'il en soit, depuis lors, ces puissances extraterrestres plongent délibérément l'humanité terrestre dans l'inconscience et l'ignorance. Certaines continuent de s'incarner physiquement sur Terre, afin d'y maintenir un système exogène fondé sur la peur, la pensée hostile, le mensonge, la violence, les guerres et j'en passe – autant de phénomènes étrangers à la civilisation humaine en vérité.

Ce système alimente volontairement la discorde entre des humains, qui ont été et sont toujours programmés à dessein pour être divisés et lutter les uns contre les autres – par le biais des religions, des systèmes politiques, du racisme et de bien d'autres artifices encore. Malheureusement, les humains un peu plus éveillés n'échappent pas, eux non plus, à ces divisions. Même eux ont du mal à progresser ensemble dans la même direction. Ils ne pensent pas à mal, mais ce programme de division est encore très profondément ancré en chacun de nous, et il faut un courage et une force extraordinaires pour le surmonter.

L'oppression et la manipulation par le système de la non-Lumière durent maintenant depuis si longtemps que nous les considérons comme naturelles et pensons que les humains ont toujours vécu ainsi : nous n'avons pas seulement oublié qui nous sommes en réalité, nous avons aussi oublié que nous avons oublié.

En fait, la discorde, la violence ou la guerre ne devraient pas exister sur Terre, et nous ne devrions pas avoir recours à toutes les technologies non lumineuses qui polluent et détruisent la nature. Nous pourrions vivre ensemble en paix, depuis fort longtemps, et utiliser des technologies lumineuses et constructives. Les deux seules raisons pour lesquelles cela n'est pas encore possible sont la présence des êtres non lumineux et le fait que les humains sont encore collectivement disposés à les suivre.

Question : D'où viennent ces êtres extraterrestres non lumineux ? Et comment sont-ils devenus ce qu'ils sont aujourd'hui ?

Réponse : Si l'on remonte à leur l'origine, ils proviennent naturellement, comme nous tous, de la source originelle divine : la source originelle d'amour. Toutefois, en exerçant leur libre arbitre, ils ont choisi depuis longtemps de se séparer de la source dans leur conscience. Ces êtres n'avaient très certainement pas anticipé les conséquences inouïes qu'entrainerait pour eux cette décision. Privés soudain de leur connexion consciente au Divin, ils ont perdu l'énergie naturelle de leur âme et ont été contraints, depuis lors, de se nourrir d'énergies à basses vibrations, comme celles de la peur, s'ils ne voulaient pas mourir de faim. Ces êtres sont à ce point traumatisés et esclaves de leur lutte pour la survie qu'ils sont totalement dépourvus de sentiments tels que la compréhension, l'amour, la compassion ou la bienfaisance. En raison de leur traumatisme, ils ont renoncé intérieurement à l'amour et à toutes les autres qualités divines auxquelles ils substituent le pouvoir et le contrôle.

Question : Ces êtres misérables, qui se sont coupés de l'amour, ont-ils une chance de sortir un jour de la non-Lumière ? Peuvent-ils revenir sur leur décision ?

Réponse : Oui. En théorie, nul n'est perdu pour toujours. Si un être obscur souhaite se reconnecter à l'amour, de son propre chef, il aura toujours un moyen de le faire. Le problème, c'est que ces êtres non lumineux sont séparés du Divin depuis si longtemps que l'amour ne leur manque plus du tout. Ils n'ont plus aucun lien avec ce sentiment et le rejettent même. C'est pourquoi, dans leur cas, c'est effectivement un peu compliqué. Ces êtres ne sont plus en mesure de faire naître eux-mêmes le désir de l'amour – non parce qu'ils sont irrémédiablement perdus, mais parce que le désir de Lumière est tari dans leur conscience. S'ils affirmaient : « Je veux aimer à nouveau ! », un chemin s'ouvrirait à eux pour un retour vers la source divine. Mais beaucoup de ces êtres non lumineux ne tiennent pas à emprunter ce chemin.

Question : Est-il recommandé de prier ou de méditer aussi

pour le bien de la non-Lumière et d'envoyer ainsi de la Lumière aux êtres non lumineux ?

Réponse : Oui. Si nous éprouvons vraiment de la compréhension pour l'ensemble de la création, nous pouvons offrir notre compassion à toutes les créatures sans distinction – que ce soit sous la forme d'une méditation ou par d'autres moyens. Malheureusement, cela ne signifie pas que les créatures non lumineuses deviendront aimantes d'un coup de baguette magique. Mais c'est une bonne chose d'adopter envers la non-Lumière une attitude de base fondée sur la compréhension et non sur la condamnation. D'un autre côté, notre compréhension ne devrait pas aller jusqu'à approuver ce que font ces êtres.

Question : De toute évidence, la dualité Lumière/non-Lumière que nous connaissons ici-bas, dans la tridimensionnalité, existe dans les dimensions supérieures. Sais-tu jusqu'où s'étend cette dualité ?

Réponse : C'est vrai, la dualité existe aussi dans les dimensions supérieures. Le supradimensionnel n'est pas toujours synonyme de lumineux et de bon. Le pouvoir de la non-Lumière s'exerce jusque là-haut. Je ne saurais dire avec certitude à quelle dimension il s'arrête précisément. Une chose est certaine : l'amour pur et inconditionnel est incompatible avec la dualité (et donc avec la non-Lumière) puisqu'il constitue une unité en soi. Toutefois, la multiplicité existe dès que des êtres ne vivent pas encore ou plus complètement dans l'amour pur. Cela ne signifie pas que la dualité de la Lumière et de la non-Lumière se manifeste partout dans l'univers de manière aussi extrême qu'ici, sur Terre, aujourd'hui. Mais l'unité totale, l'absence totale de non-Lumière, n'est possible, de mon point de vue, que là où tous les êtres sont conscients de l'amour pur.

Question : Est-ce que cette forme extrême de dualité entre Lumière et non-Lumière, que nous expérimentons en ce moment sur Terre, existe partout où règne la tridimensionnalité dans l'univers ?

Réponse : J'aurais tendance à penser que non. Cependant, je ne connais pas toutes les planètes tridimensionnelles de l'univers. Mais je suppose que, dans le reste de la tridimensionnalité, les choses ne sont pas aussi extrêmes qu'ici, car la matrice de l'oubli qui s'applique à la dimension de la Terre, depuis quelques milliers d'années, est tout de même assez exceptionnelle. Je ne pense pas qu'une âme, au moment où elle s'incarne quelque part sur une planète, oublie complètement qui elle est.

Question : Crois-tu que nous avions une idée claire de ce dans quoi nous nous engagions lorsque nous avons décidé de nous incarner en tant que Terriens ? Savions-nous que nous allions nous retrouver dans les circonstances dans lesquelles nous vivons actuellement ?

Réponse : Peut-être n'avions-nous pas conscience des circonstances précises, mais je suis certaine que nous savions que quelque chose d'étrange nous attendait et que cette période serait assez chaotique. Toutefois, nous étions sans doute aussi persuadés qu'à la fin, tout irait bien. Sans cela, nous ne nous serions pas lancés dans cette aventure.

Les visées prioritaires de la non-Lumière

Question : Tu as mentionné que les êtres de la non-Lumière substituent à l'amour qui leur fait défaut une aspiration au pouvoir et au contrôle. Est-ce l'arrière-plan de tout ce que nous, humains, avons si nettement ressenti, en particulier ces dernières années ?

Réponse : Oui. Nous avons perçu que nous, humains, sommes soumis à une pression et à un contrôle accrus. Selon moi, ce n'est rien d'autre que l'ultime combat mené, en désespoir de cause, par les forces non lumineuses qui, consciemment ou non, ont compris qu'elles avaient déjà perdu la bataille et qu'elles ne pourraient plus atteindre leurs objectifs.

Elles reportent sur nous la pression qu'elles éprouvent elles-mêmes.

Question : Peux-tu développer ce point ? Que sais-tu des visées prioritaires de la non-Lumière ? Quelles sont ses intentions avec toute cette histoire de covid ou avec les guerres par exemple ?

Réponse : Lorsque les forces non lumineuses mettent en scène des événements, c'est toujours dans l'optique de réaliser leurs objectifs à long terme. Dans le cas de la covid, par exemple, je pense que l'objectif consistait vraiment à lutter contre une pandémie ; toute cette histoire a plutôt servi à franchir de nouvelles étapes pour faire avancer certains projets : la non-Lumière ne peut pas imposer ses véritables intentions par la force en l'espace de quelques semaines ou de quelques mois. Ce serait trop brutal et pourrait conduire à des mouvements d'opposition massifs. Mais si l'on procède en introduisant certaines mesures avec parcimonie et pour des raisons plausibles, la plupart des gens les acceptent avec plus ou moins de facilité. Ils croient alors que les mesures en question sont nécessaires pour leur propre sécurité. La covid est loin d'être la seule stratégie utilisée par les forces non lumineuses pour accomplir leurs buts – elles créent en permanence des situations qui leur permettent de poursuivre leurs objectifs tout en avançant masquées.

Si l'on veut découvrir les fins poursuivies par la non-Lumière, il suffit de faire des recherches avec des mots clés comme « The Great Reset » ou « Agenda 2030 ». Ces projets sont souvent présentés comme de véritables avancées, mais je ne vois pas les choses sous cet angle. Leur véritable objectif est d'instaurer un contrôle et une surveillance totale de l'humanité – à une échelle encore supérieure à celle qui existe déjà. Il s'agit notamment de connecter la conscience des humains à des outils technologiques et à Internet par le biais d'implants et de puces notamment. C'est ce que l'on appelle aussi le « transhumanisme » : exercer une influence directe sur la pensée, les sentiments, la parole et l'action des humains à l'aide d'interfaces informatiques et de l'intelligence artificielle. En effet, du point de vue de nos dirigeants autoproclamés, tout individu qui pense de manière autonome, qui se concentre sur la spiritualité, qui porte l'amour en soi et ancre la Lumière sur la Terre est indésirable dans la société de surveillance totale qu'ils désirent instaurer. Lorsque le cerveau d'une personne est connecté à un ordinateur contrôlé par des programmeurs, on est en droit d'affirmer que cette personne a complètement cessé de penser par elle-même.

Ils veulent également transformer le système financier de manière à ce qu'il asservisse encore davantage les citoyens – par exemple en supprimant l'argent liquide et en introduisant une nouvelle monnaie numérique. Cela leur offrirait un suivi et un contrôle numérique du moindre mouvement de chaque individu. Ils prévoient également une expropriation complète de tous les citoyens. Enfin, ils aspirent à ce qu'il est convenu d'appeler un gouvernement mondial unique et centralisé. Avant d'en arriver là, quelques étapes intermédiaires sont prévues, que je vous épargne. Je ne fais qu'esquisser une vue d'ensemble de ces projets. Ceux qui souhaitent en savoir davantage peuvent faire leurs propres recherches sur ces sujets.

Je suis consciente que de telles déclarations peuvent en effrayer plus d'un. Si je partage ces informations, ce n'est pas pour répandre la peur, mais pour que l'on puisse mieux percevoir et comprendre ce qui se passe aujourd'hui sur cette planète, et pourquoi certaines choses se produisent sur les plans politique, économique ou dans la recherche. Plus nous en savons, plus nous sommes en mesure de prendre des décisions claires.

Voilà des millénaires que les forces de contrôle non lumineuses agissent sur Terre. Leur présence est la véritable raison pour laquelle l'humanité souffre constamment de guerres et d'autres calamités. Elles maintiennent consciemment et délibérément les humains dans un état de peur et de souffrance continu. Comme ces êtres n'ont plus de connexion avec l'amour, cette absence d'amour crée, dans leur conscience, une sorte de vide, qu'ils essaient de combler. Pour ce faire, ils substituent avant tout à l'amour le pouvoir et le contrôle, qu'ils tentent de perpétuer en répandant sans cesse la peur.

Tant que ces forces exerceront le contrôle de la Terre, la paix dans le monde sera un vœu pieux. Bien sûr, nous pouvons trouver la paix en nous-mêmes, au niveau individuel, et la transmettre autant que possible à notre entourage, mais une paix globale ne sera possible, à mon avis, que lorsque les forces non lumineuses auront plié bagages.

Question : Ces dernières années, les médias dominants ont tout fait pour tourner en ridicule et présenter comme dangereuses les personnes spirituelles et critiques à l'égard du système. Ils ont dévoyé le sens de termes positifs tels que « non-conformiste » en insinuant que toute personne qui ne suit pas aveuglément le système et croit en un changement positif est un fou qui vit hors du monde ou s'apprête à sombrer dans la violence. Ils emploient aussi des termes diffamatoires comme « complotiste » ou « négationniste de la covid », qu'ils utilisent d'ailleurs volontiers contre toi pour te stigmatiser. Comment réagis-tu à cela ?

Réponse : Cela ne me dérange pas à titre personnel. Mais je trouve dommage d'associer la pensée non conformiste à quelque chose de négatif, car je considère qu'il est important d'être critique vis-à-vis des structures destructrices, de remettre les choses en question et de réfléchir à ce que pourrait être une société nouvelle, basée sur le respect mutuel, la paix et la liberté. Bien sûr, je m'oppose à ce que l'on en profite pour attiser des sentiments de haine et inciter à la violence, car la haine et la violence n'apportent rien et ne font que renforcer le système actuel. Ma voie est celle du pardon, de l'amour et de l'insoumission née de l'amour.

Mais je vous certifie que des forces non lumineuses et hostiles agissent dans les coulisses du monde ; elles ne se soucient ni d'amour ni du bien-être de la Terre ou de ses habitants et manigancent pour tenter de maintenir l'humanité dans l'illusion et l'oppression. C'est pourquoi je ne me formalise pas que l'on me qualifie de « complotiste ». Je précise simplement que le complot non lumineux n'est malheureusement pas une théorie, mais une vérité amère. Quant à l'expression « négationniste de la covid », elle ne me concerne pas : je ne nie pas l'existence du coronavirus. Mais je soutiens que toute cette histoire de pandémie et de mesures prises à l'échelle mondiale repose sur un faisceau de mensonges et de manipulations qui ne servent en rien le bien de l'humanité.

Ce que la Lumière peut opposer à la non-Lumière

Question : Concrètement, de quels moyens disposent ceux qui ont opté pour la Lumière pour empêcher au maximum la non-Lumière de réaliser ses plans ?

Réponse : La première étape consiste à prendre conscience du système dans lequel nous vivons réellement. Cette prise de conscience nous permet d'être moins manipulables et donc de décider plus efficacement ce qui est vraiment bon pour nous et ce que nous voulons vraiment. C'est pourquoi il faut que nous connaissions à peu près les intentions des forces non lumineuses. Car leurs plans ne fonctionnent que si un nombre suffisant de personnes y prend part de façon délibérée. La non-Lumière peut donc se contenter de voir la population la suivre inconsciemment, par ignorance ou peur.

Les forces non lumineuses aimeraient nous faire croire qu'elles détiennent le pouvoir sur cette planète, mais ce n'est pas le cas. En réalité, le pouvoir est entre les mains du collectif humain : pour peu qu'un nombre trop faible de personnes s'implique dans un de leurs projets, celui-ci ne pourra voir le jour. À l'heure actuelle, encore trop d'humains sur Terre ne disposent pas de la conscience qui leur permettrait de s'éveiller. L'une des conditions préalables à l'éveil est de comprendre ce qui se passe réellement ici-bas. Pour beaucoup, cette prise de conscience serait si choquante qu'ils préféreraient demeurer dans le statu quo, par une sorte de réflexe d'auto-préservation.

Parfois, en parlant avec des proches, des amis ou des collègues, nous remarquons qu'ils ne parviennent pas à comprendre nos arguments et nos motivations du fait de ces différences individuelles dans le processus d'éveil. Leur niveau de conscience actuel les empêche de nous comprendre, et il est inutile, selon moi, de discuter avec eux de sujets qu'ils ne peuvent ou ne veulent pas encore saisir. Lorsque nous leur exposons nos points de vue et nous heurtons à leur incompréhension ou à une fin de non-recevoir, mieux vaut ne pas poursuivre la discussion. Dans ces moments-là, faisons simplement preuve de compassion et de compréhension à leur égard. Ils ne peuvent réagir autrement que par le rejet – leur conscience a atteint sa limite. Peut-être s'ouvriront-ils, plus tard, à une autre vision, peut-être ne prendront-ils conscience de l'envers du décor que lorsqu'ils jetteront sur leur vie un regard rétrospectif après leur mort. Une fois notre incarnation achevée, nous quittons en effet notre corps physique et retrouvons une conscience élargie de notre âme. Il faut souvent attendre ce moment-là pour disposer d'une vision plus claire des choses : après la mort, certains blocages, qui limitaient notre conscience pendant l'incarnation, disparaissent.

Nous pouvons aussi nous opposer au plan de la non-Lumière en faisant cause commune avec des personnes qui partagent nos idées et en concentrant nos forces pour bâtir, ensemble, dès maintenant, une sorte de société parallèle positive. On ne compte plus ceux qui portent des idées et des projets lumineux pour de nouvelles formes de politique, de science, de médecine, d'agriculture, d'éducation, d'art, etc. – même au cœur des structures actuelles de la non-Lumière. Tous les domaines de la vie sont d'ores et déjà investis par de bonnes personnes qui œuvrent pour rendre possible un monde plus beau et plus paisible. On peut donc considérer que la Lumière a déjà infiltré le système dominant depuis fort longtemps. Il ne reste plus qu'à attendre que tous ces émissaires de la Lumière se lèvent et que cette multitude de projets positifs s'impose de manière durable.

Même si les êtres non lumineux fourbissent encore de bien mauvais coup et tenteront sans nul doute de les mettre en œuvre, nous ne devons pas oublier que nous, humains, portons en nous la force créatrice constructive et aimante. Les êtres non lumineux ont beau provenir, eux aussi, de la source divine originelle, ils ont coupé depuis longtemps le cordon qui les y reliait, à la fois dans leur conscience et dans leurs actions. Ils en ont perdu toute valeur morale, compassion et force d'amour – et donc toute capacité d'user de leur force créatrice aimante. Pour satisfaire leurs besoins, ils en sont réduits à s'emparer des pensées et des sentiments d'autrui. Ce n'est qu'en exploitant l'énergie des autres qu'ils parviennent à créer la réalité de leurs propres désirs, et c'est précisément pour cette raison qu'ils ont commencé à mettre en place un système de contrôle et à exercer le pouvoir ici, sur Terre. Peut-être surpassent-ils les humains dans les domaines de la technologie et de la manipulation, mais pour ce qui est de la force créatrice aimante, ils leur sont inférieurs et, plus encore, ils dépendent d'eux, puisque les humains entretiennent une relation consciente avec la source divine.

En nous connectant consciemment à la source, nous portons en nous une particule infinitésimale de cette force créatrice aimante dont la source originelle divine dispose à profusion. Mais dès qu'un être se déconnecte de la source, il perd cette forme de puissance créatrice divine. Nous serions donc bien inspirés d'utiliser cette force de création divine pour orienter, dès maintenant, notre conscience vers un avenir beau, libre et pacifique. Au lieu de nous concentrer sur les anomalies et les problèmes ambiants, nous devrions plutôt nous focaliser sur des solutions constructives.

Je le répète, il est important que nous prenions conscience du système dans lequel nous vivons : à mesure que nous le perçons à jour, nous gagnons les forces nécessaires pour le remplacer. Cela commence par la construction d'une nouvelle société basée sur le positif, parallèlement au système encore en place. On ne pourra pas réparer le système actuel ni le convertir au bien. Il faut une approche entièrement neuve, qui repose sur une vision du monde et de l'humain réinventée de point en point.

Dès que nous nous mettons en réseau de manière constructive avec des personnes qui partagent nos idées, nous sentons que nous ne sommes pas seuls. Cette prise de conscience nous donne de la force et nous aide à maintenir la Lumière. Nous pouvons alors créer de merveilleuses choses ici-bas, sur Terre, lorsque nous nous associons à des personnes sur la même longueur d'onde et que nous orientons de conserve notre conscience vers les mêmes objectifs. Il est essentiel que nous progressions ensemble dans la même direction. Bien sûr, chacun se vouera à un projet cohérent et authentique à ses yeux, mais tous ces projets différents devront converger vers un seul et même objectif commun. Peu importe si le projet dans lequel nous mettons tout notre cœur est de petite envergure. Mieux vaut une initiative modeste qui fonctionne qu'une vaste entreprise irréalisable, car une fois lancée, la première ne tardera pas à créer un mouvement d'adhésion autour d'elle. Petit projet deviendra vite grand ! Quelle que soit son ampleur, tout projet mis en œuvre avec une bonne intention et avec amour s'avère d'une importance considérable, car il renforce la Lumière ici-bas, sur la planète.

Nous, émissaires de la Lumière, sommes ici pour ancrer et maintenir la Lumière à la surface de la Terre. Or nous ne pouvons accomplir cette mission qu'à la condition de ne pas vivre dans la peur. Sinon, il nous est difficile d'avoir les idées claires ; nous perdons le contact avec notre intuition et ne ressentons plus notre Lumière. C'est pourquoi il est essentiel de sortir de la peur le plus rapidement possible. Pour y parvenir, on peut se retirer, de temps à autres, dans un endroit calme, et se concentrer sur son corps de Lumière. Un apaisement soudain nous envahit, car le corps de Lumière ne connaît pas la peur et, dans cet environnement, le calme et la paix s'installent sur-le-champ au plus profond de nous. Baignés par cette quiétude, nous avons enfin la possibilité d'écouter notre guidance intérieure et notre cœur.

Que nous en soyons conscients ou non, chacun d'entre nous est guidé intérieurement sans interruption par des êtres aimants. Toutefois, nous pouvons aussi demander en toute conscience à nos anges gardiens et à nos esprits-guides de nous montrer le chemin, dans certaines situations préoccupantes. Comment ? En pensées ou à voix haute. Et même si nous ne parvenons pas encore à entendre ou à voir nos protecteurs spirituels, ils sont toujours à nos côtés, ils nous prêtent toujours l'oreille et nous soutiennent.

Malheureusement, il arrive que nos modèles et empreintes émotionnelles ou mentales nous empêchent de percevoir cette voix intérieure. Dans certaines circonstances, nous percevons bien un sentiment intérieur profond, qui nous suggère de prendre telle ou telle décision, mais notre mental en a peur. Il produit alors une avalanche de raisons et d'excuses pour ne pas écouter ce sentiment intérieur, et au contraire, pour suivre ces modèles dont on croit qu'ils ont fait leurs preuves. Dans ces moments-là, il faut bien du courage pour faire confiance à son intuition et suivre son cœur. Nul ne conteste que le mental rationnel soit un instrument utile et important, mais pas quand il prend les rênes de nos choix de vie. Il faut commencer par ressentir et identifier avec précision, au plus profond de nous, ce que veut notre cœur, ce que veut notre âme, et alors seulement nous embarquerons le mental et l'utiliserons pour nous aider à atteindre ce que désire notre cœur.

Suivre la voix de son cœur et de son intuition équivaut à suivre le dessein de sa vie. Peu importe alors que nous en ayons une connaissance pleine et entière. Après tout, bien peu d'humains connaissent leur dessein de vie dans leur intégralité, mais ce n'est pas un problème. Tant que nous suivons notre cœur, nous sommes sur le chemin que nous avons choisi avant notre incarnation – même si le souvenir du trajet ou de chacune des étapes prévues nous fait un peu défaut.

Les raisons pour lesquelles le système de la non-Lumière va bientôt s'effondrer

Question : À ton avis, combien de temps faudra-t-il encore avant que la matrice de la non-Lumière soit suffisamment perforée et que le système dominant s'effondre ?

Réponse : Je ne saurais prédire avec certitude combien de temps il faudra avant que la Terre ne soit libérée. Différents facteurs sont en jeu, notamment la conscience collective des humains. La ligne temporelle sur laquelle nous nous trouvons détermine les expériences que nous accomplirons jusque-là. Nous vivons, à un moment précis, sur une ligne temporelle donnée, mais nous pourrions tout aussi bien passer sur d'autres lignes parallèles, sans que rien ne nous y oblige toutefois. Ce passage à une autre ligne temporelle dépend de la conscience collective, de la manière dont l'humanité réagit à certaines situations et des décisions qu'elle prend.

La question des lignes temporelles est quelque peu difficile à saisir pour le commun des mortels, mais peu importe. Une chose est sûre : quelle que soit la ligne temporelle sur laquelle nous nous trouvons, la non-Lumière finira de toute façon par quitter la planète.

Question : Comment peux-tu en être si convaincue ?

Réponse : Je sais, avec une certitude absolue, un certain nombre de choses qui me persuadent qu'à la fin, tout ira bien.

Premièrement, la Terre augmente sa propre fréquence de vibration – de manière inexorable et indépendante de ce qui se passe actuellement à sa surface. Je ne prétends pas, loin de là, que la manière dont nous, humains, traitons la nature est une question subalterne. Bien entendu, chacun porte la responsabilité de son comportement vis-à-vis des autres êtres humains, des animaux et des plantes, et de la nature dans son ensemble, et chacun est invité à agir dans le respect et l'amour. Ce que j'ai voulu dire, c'est que le processus d'élévation de la planète Terre aura de toute façon lieu et ne pourra pas être arrêté, même si les conditions à sa surface semblent quelque peu étranges et sombres à l'heure actuelle. Les forces de la non-Lumière auront beau se déchaîner, cela n'empêchera pas la Terre d'augmenter sa vibration et de s'élever de la troisième à la cinquième dimension.

Deuxièmement, la Lumière a déjà atteint un niveau supérieur et subtil même si cela ne s'est pas encore manifesté sur le plan physique tridimensionnel. Nous nous trouvons, à l'heure actuelle, dans une phase intermédiaire qui s'achèvera avec la défaite des forces de la non-Lumière, ici-bas, au niveau de la troisième dimension.

Si les forces de la non-Lumière s'échinent, aujourd'hui, à mettre en œuvre leurs projets à la surface de la Terre, dans la précipitation la plus complète, c'est qu'elles ont compris, à d'autres niveaux, que le temps leur est compté. Elles sont donc à leur tour soumises à une forte pression de temps, et c'est cette pression-là qu'elles nous transmettent aujourd'hui, à nous, humains, à travers toutes leurs décisions, mesures et mises en scène si sujettes à caution. Jusqu'à récemment, elles pensaient disposer d'un temps illimité pour réaliser leurs projets à long terme. Mais elles viennent de prendre acte du fait qu'elles devront bientôt quitter la Terre. Elles continuent toutefois d'entretenir l'espoir d'éviter cette défaite voire ce départ, pour peu qu'elles soient suffisamment rapides. Leur structure les porte à croire que leur seule chance consiste à mettre en œuvre le plus rapidement possible tous leurs projets politiques, économiques et scientifiques. Inconsciemment, elles ont une peur bleue de perdre le pouvoir et le contrôle qui, faute d'amour, constituent leur nourriture vitale. C'est pourquoi elles se précipitent à présent, avec l'énergie du désespoir, tandis qu'elles avaient prévu d'agir à un tout autre rythme.

C'est précisément ce que nous, humains, ressentons ici, sur Terre, sous la forme d'une immense pression. Mais la bonne nouvelle, c'est que les forces de la non-Lumière n'ont plus les moyens de gagner – elles ne gagneront pas, c'est un fait acquis. Ce n'est même plus possible, car leur défaite est déjà scellée aux niveaux subtils supérieurs ; elle est inéluctable. À ces niveaux-là, la Lumière a déjà gagné et la Terre est déjà libérée. Mais il faut un certain temps pour que les conditions qui règnent dans les dimensions supérieures se manifestent dans les densités inférieures. Le niveau physique tridimensionnel sera donc le dernier à être libéré, mais il finira par l'être, sans l'ombre d'un doute. C'est pourquoi je suis convaincue qu'à la fin, tout ira bien.

À l'heure actuelle, les conditions à la surface de la Terre vont s'aggravant, car les forces de la non-Lumière échafaudent une mise en scène après l'autre, à un rythme effréné. Mais pour finir, leurs projets et leurs désirs ne se réaliseront pas. Leur matrice s'effondrera et les êtres non lumineux devront céder le pouvoir et quitter la planète. C'est déjà une certitude. La question est de savoir ce qui se passera d'ici là.

Nous, humains – et notre conscience collective –, déterminerons le moment où la matrice de l'illusion s'effondrera, ainsi que tous les événements qui se dérouleront jusque-là. Cela dépendra de la durée pendant laquelle l'humanité continuera à participer au système de la non-Lumière et du moment où nous commencerons enfin à agir selon notre propre volonté. Plus vite nous parviendrons à mettre en place une nouvelle société du positif, parallèlement au système négatif dominant, plus vite ce cauchemar prendra fin. Toutefois, organiser une société parallèle est loin d'être chose aisée dans la pratique – en premier lieu du fait de l'extrême diversité des consciences sur la Terre. C'est pourquoi – j'insiste sur ce point – il est essentiel que chacun d'entre nous commence au moins par créer de minuscules oasis de Lumière et par lancer des projets positifs de petite envergure.

La troisième raison pour laquelle je suis si sûre de moi est la suivante : la non-Lumière est, elle aussi, organisée de manière hiérarchique, et les êtres non lumineux qui se trouvaient tout en haut de sa structure de pouvoir ont déjà été écartés. Ils n'ont plus la moindre influence sur la Terre. De mon point de vue, le processus de purification de la non-Lumière se déroule généralement du haut vers le bas.

Cet effondrement de la hiérarchie non lumineuse explique aussi pourquoi les forces de la non-Lumière ne peuvent plus triompher sur la Terre. Mais ceux qui demeurent ici-bas refusent de partir de leur plein gré et organisent le chaos qui sévit ici-bas – ils supposent qu'ils peuvent prendre leur propre désintégration de vitesse. Cela ne fonctionnera pas, mais ils y croient.

Question : Peux-tu décrire un peu plus précisément la hiérarchie de la non-Lumière ?

Réponse : Le niveau supérieur de la hiérarchie non lumineuse est constitué de divers extraterrestres négatifs dénués de corps tridimensionnel. Ce sont notamment eux qui ont manipulé l'ADN humain, voici des milliers d'années, et ont construit la matrice terrestre. Ceux-ci ont d'ores et déjà disparu. Par contre, d'autres extraterrestres sont toujours présents ici-bas.

Le niveau inférieur de la hiérarchie de la non-Lumière se compose de différents types d'êtres obscurs, comme les êtres astraux non lumineux et les êtres terrestres que les humains appellent démons. Enfin, cette hiérarchie comprend aussi les extraterrestres non lumineux présents sur Terre, non pas de manière subtile, mais sous forme humaine physique. Il s'agit en quelque sorte d'« humains inhumains » qui n'ont aucun sentiment, aucun scrupule et aucune compassion. Ils ne forment qu'un tout petit groupe, mais possèdent une somme d'argent colossale et exercent une influence phénoménale. Leurs ressources financières quasi illimitées leur permettent de tirer les ficelles dans pratiquement toutes les affaires humaines, sur tous les continents et dans tous les pays. Ils contrôlent ceux qui occupent les postes clés au sein des structures terrestres – notamment en politique, dans le système bancaire, l'économie, la recherche, le système de santé, les institutions religieuses ou encore les médias.

On considère que les deux pour cent les plus riches possèdent à peu près autant d'argent que quatre-vingt-quinze pour cent de l'humanité réunis. J'ignore si ces chiffres sont exacts ; peut-être s'agit-il de quatre et de quatre-vingt-seize pour cent. L'essentiel est de comprendre qu'une petite élite a la main sur la majeure partie de la richesse mondiale et qu'elle est donc directement responsable de la pauvreté et de l'injustice qui sévissent dans le monde, des abus de pouvoir de toutes sortes, des guerres, etc. Car tous ces désordres naissent sous l'influence de l'argent.

Le problème n'est pas l'argent en lui-même, selon moi ; il n'a rien de négatif, il est neutre, d'une certaine manière. La question centrale est de savoir qui possède l'argent et ce qu'ils en font. Dans le système actuel, l'argent est employé à des fins qui, la plupart du temps, ne sont pas positives. C'est pourquoi certains le considèrent en soi comme quelque chose de mauvais. Or le fait que l'argent constitue ou non un problème dépend de ceux qui l'utilisent. Nous sommes libres d'employer notre argent pour des projets positifs. Mais affirmer que l'élite financière mondiale n'a pas pour principal souci le bien commun est un doux euphémisme.

Toutefois, cette petite élite qui manœuvre dans les coulisses du monde ne constitue pas, loin s'en faut, le véritable sommet de la hiérarchie de la non-Lumière. Je le répète, à sa tête se trouvent (ou se trouvaient) des extraterrestres négatifs venus d'un autre système stellaire, qui voulaient contrôler la planète Terre et exploiter l'énergie humaine – c'est ce qu'ils ont fait, du reste, pendant des millénaires. En fin de compte, les personnes les plus riches et les plus puissantes de cette Terre sont de simples exécutants de ces puissances d'occupation extraterrestres hostiles.

Question : Qu'adviendra-t-il de ces despotes non lumineux lorsque leur matrice se sera effondrée et qu'ils devront quitter la planète ?

Réponse : Les êtres subtils parmi eux seront complètement écartés du champ énergétique de la Terre et devront renoncer à leur influence à tous les niveaux. Comme je l'ai déjà mentionné, ce processus est déjà bien avancé. Quant à ceux qui sont physiquement incarnés ici-bas, sur Terre, je n'ai aucune certitude sur leur sort, mais je suppose qu'il dépendra de la fréquence de leur conscience et de leur conduite individuelle. Peut-être subsiste-t-il, chez certains, un lien avec la source d'amour – un lien tantôt quelque peu obstrué tantôt simplement rompu. Les choses se feront donc sans doute au cas par cas.

La présence des extraterrestres positifs

Question : Hormis ces extraterrestres à l'évidence hostiles et « méchants », il existe certainement aussi beaucoup de bons extraterrestres. Peux-tu nous en parler ?

Réponse : Oui, il existe un nombre incalculable de civilisations et d'êtres extraterrestres différents – ne serait-ce que dans notre galaxie. Parmi eux, certains servent l'amour et la Lumière, d'autres ont opté pour la non-Lumière. Et dans les deux catégories, certains ont, comme nous, un corps physique et donc tridimensionnel, et d'autres un corps subtil et donc supradimensionnel. Quelques-uns sont capables de modifier et d'adapter volontairement la densité de leur corps, ce qui leur permet de vivre dans différentes dimensions.

Pour les extraterrestres non lumineux dont je viens de parler – ceux qui contrôlent et exploitent l'humanité depuis des millénaires grâce à leur technologie supérieure – nous, humains, ne sommes guère plus que des esclaves corvéables à merci. Du reste, ces extraterrestres sans scrupules ont, à notre égard, un comportent proche de celui que nombre d'entre nous adoptent, de nos jours, vis-à-vis des animaux.

Il existe aussi de très nombreuses civilisations extraterrestres bienveillantes à notre endroit, qui sont bien plus évoluées que nous, non seulement en termes de technologie, mais aussi de fréquence de la vibration et de niveau de conscience. Même si beaucoup sont incapables de se le représenter parce les manuels scolaires ou les médias n'en font pas mention, il existe bel et bien, dans l'univers, d'innombrables civilisations spirituelles très avancées, tournées vers le Divin, qui sont à la fois plus aimantes et plus puissantes que les hiérarques non lumineux. Plusieurs d'entre elles connaissent l'existence de l'humanité terrestre et, constatant que nous rencontrons aujourd'hui un certain nombre de problèmes ici-bas, elles se sont réunies pour nous soutenir. Entre parenthèses, certaines d'entre elles se déplacent dans d'immenses vaisseaux spatiaux actuellement stationnés dans notre système solaire – non seulement des vaisseaux subtils, mais aussi des vaisseaux physiques.

Cependant, ces puissantes civilisations de la Lumière s'interdisent de s'immiscer sans autre forme de procès dans les affaires terrestres, car elles respectent le libre arbitre de toutes les populations, comme le prévoit la loi cosmique. Elles se conforment donc au libre arbitre du collectif humain et ne peuvent intervenir que dans la mesure où nous, humains, les y invitons et le leur permettons de manière consciente.

En d'autres termes, plus nous verrons clair dans le système dominant et comprendrons ce qui se joue ici, sur Terre, moins nous accepterons consciemment cette oppression et cette exploitation par la non-Lumière, mais préférerons un monde sain, beau et libre, et plus les civilisations aimantes pourront agir et nous aider – surtout si nous le leur demandons expressément. Bien souvent, nous ne sommes pas conscients de la manière dont elles nous soutiennent d'ores et déjà. Il existe par exemple des rapports tout à fait crédibles, établis par d'anciens membres de l'armée de l'air américaine, qui attestent que des extraterrestres sont intervenus à diverses reprises et ont neutralisé des armes nucléaires sur le point d'être lancées. Cependant, le public n'est pratiquement jamais tenu informé de tels événements.

Parfois, les gens se demandent pourquoi les extraterrestres positifs ne se posent pas tout bonnement sur la Terre, au vu et au su de tous, pour nous libérer, nous, les humains. Je le répète, ils ne peuvent intervenir que si une majorité d'êtres humains les y invite de leur propre chef et leur demande leur aide de manière formelle – ce qui n'est pas le cas jusqu'à présent : appeler consciemment à l'aide ces forces lumineuses supposerait que les humains reconnaissent d'abord qu'ils vivent dans un système où ils sont opprimés et exploités par des puissances malfaisantes. Une fois qu'ils auront vraiment saisi cette situation et décidé en conscience de refuser le système en place, alors ils seront prêts à accomplir un changement fondamental. Tant que l'on trouve que les conditions sont, certes, quelque peu douloureuses, mais que tout va bien dans l'ensemble, on ne voit pas la nécessité de renverser la table. Ce n'est que lorsque les humains seront prêts à désirer réellement une coexistence d'une tout autre nature qu'ils demanderont l'aide et le soutien des extraterrestres positifs.

Par ailleurs, il faut que l'humanité soit ouverte, dans sa conscience, à une rencontre avec des extraterrestres aimants. Les rares personnes qui croient aujourd'hui à l'existence des extraterrestres en ont peur, pour la plupart – victimes de la propagande de l'industrie cinématographique ou des bandes dessinées de science-fiction, elles pensent que tous les extraterrestres sont maléfiques et veulent attaquer, asservir voire dévorer toute crue l'humanité. Dans les livres et les films, on ne rencontre quasiment jamais de civilisations extraterrestres bienveillantes et aimantes. C'est d'ailleurs un peu absurde : il existe en effet des extraterrestres malveillants et hostiles qui veulent prendre possession de la Terre et asservir les humains, mais justement, ils sont présents ici-bas depuis fort longtemps et sont notamment responsables de l'image simpliste et anxiogène que les humains se font des extraterrestres. Cette programmation sans nuance conduirait, pour l'instant, la majorité des êtres humains à interagir avec méfiance et crainte, y compris avec des extraterrestres positifs – ce qui est, pour eux, une raison supplémentaire de ne pas débarquer ici-bas avec leurs vaisseaux spatiaux et de ne pas se montrer.

En outre, les chefs des forces armées sont réticents à cette idée – ce qui est fort compréhensible. Ils emploient toute leur énergie à éviter cette rencontre tant qu'ils sont encore au pouvoir. Si les extraterrestres positifs atterrissaient ici-bas, sans crier gare, les militaires les attaqueraient sur-le-champ, et les êtres aimants ne recherchent pas ce genre de confrontation.

Heureusement, même dans les rangs de l'armée, on trouve déjà des groupes de personnes qui appartiennent au côté lumineux et œuvrent pour un monde plus pacifique.

Tôt ou tard, les extraterrestres lumineux se montreront aux humains – nous n'aurons alors plus peur d'eux et serons prêts, en tant que collectif humain, à les rencontrer et à leur souhaiter formellement la bienvenue sur Terre pour qu'ils nous aident à en finir avec le système de la non-Lumière. Ensuite, l'humanité pourrait même être acceptée dans la communauté galactique de la Lumière. Mais nous n'en sommes pas là : il faudra, avant, qu'elle soit redevenue totalement pacifique et qu'elle ait cessé d'entretenir des guerres fratricides.

Même si les extraterrestres positifs ne se manifestent pas pour le moment, ils nous aident tout de même, à bien des égards, en prenant des dispositions, aussi bien dans le système solaire que dans les sphères subtiles de la Terre. L'humanité n'est donc pas seule et ne sera pas non plus livrée à elle-même dans son processus de libération et dans l'élévation qui s'ensuivra. Au contraire, nous sommes entourés de civilisations très avancées et aimantes, qui portent sur nous un œil bienveillant et sont à la fois capables et désireuses de nous aider à nous débarrasser de cette force d'occupation extraterrestre. Si, faute de cette aide et de ce soutien bienveillants apportés par des extraterrestres positifs, l'humanité terrestre avait été abandonnée à son triste sort, je pense qu'elle aurait déjà disparu depuis bien longtemps. Nous nous serions éteints de nous-mêmes ou aurions été anéantis – ou bien les deux à la fois. Le simple fait que l'humanité continue d'exister et que des millions de personnes s'éveillent aujourd'hui, dans le monde entier, constitue, à mes yeux, la preuve irréfutable que nous avons affaire à de nombreuses forces lumineuses, et pas seulement à des forces obscures.

Tout comme leurs pendants négatifs, certains extraterrestres positifs sont capables de s'incarner sur Terre sous forme humaine. C'est une autre façon d'aider l'humanité. Certains êtres humains, vivant déjà ici sur Terre ou en passe de s'y incarner, proviennent en réalité d'autres planètes et décident de se rendre ici-bas spécialement pour aider la population de notre monde à s'élever.

Aucune âme n'est originaire de la Terre, cela va de soi : toutes les âmes de l'univers proviennent de la même source divine originelle. Néanmoins, on constate que certaines ont déjà séjourné plusieurs fois dans un système stellaire ou sur une planète au cours de leur voyage à travers le cosmos. Ainsi, un certain nombre d'entre elles se sont à maintes reprises incarnées sur Terre et y sont en quelque sorte chez elles, tandis que d'autres n'ont que rarement voire jamais visité notre planète jusqu'ici. Cela explique aussi pourquoi, consciemment ou inconsciemment, des personnes conçoivent, plus que d'autres, la Terre comme leur foyer. Pour l'instant, la plupart des âmes oublient, dès le début de leur incarnation terrestre, les expériences qu'elles ont vécues dans des vies antérieures, mais ces expériences sont toujours enregistrées et présentes dans leur subconscient.

Je considère comme deux signes extrêmement encourageants la présence des extraterrestres positifs stationnés autour de la Terre et celle des êtres de la Lumière incarnés ici-bas en tant qu'humains. Nous pouvons tous y puiser une grande force, de l'espoir et de la confiance. Peut-être qu'en ces temps étranges, il nous est difficile de nous imaginer comment les choses vont évoluer pour qu'à la fin, tout aille bien, mais, de mon point de vue, on ne trouverait pas autant d'émissaires de la Lumière, ici-bas, s'il n'y avait pas de bonnes raisons d'espérer.

L'univers ne dilapide pas l'énergie. Si tout était perdu d'avance, les émissaires de la Lumière n'auraient pas afflué sur Terre en si grand nombre. Depuis notre moi supérieur, nous disposons d'une vue d'ensemble plus vaste sur les événements ; notre âme a la faculté d'entrevoir l'avenir, en évaluant les décisions et les évolutions les plus réalistes. Si, de cette perspective lumineuse supérieure, il n'apparaissait pas clairement que le projet sera couronné de succès et qu'à la fin, tout ira bien, les émissaires de la Lumière n'auraient pas décidé massivement de venir ici-bas, aujourd'hui, pour soutenir l'humanité dans son processus de libération de la non-Lumière.

Nous n'avons pas tenu si longtemps pour abandonner maintenant !

Question : De ton point de vue, quelle est la meilleure attitude à adopter en cette période où la non-Lumière exerce encore une si forte pression et où les dirigeants actuels s'évertuent, envers et contre tout, à imposer leurs projets ?

Réponse : Je ne peux que le répéter : le mieux est de nous connecter avec des personnes sur notre longueur d'onde et de commencer sans tarder à construire une société parallèle positive – autant que les circonstances actuelles nous le permettent. En outre, il est important de faire preuve d'opiniâtreté et de ne pas jeter l'éponge en cours de route. Nous n'avons pas tenu aussi longtemps pour abandonner maintenant ! Nous sommes ici pour recouvrer la vie terrestre digne que la non-Lumière nous a volée – cet objectif devrait être sans cesse présent à notre esprit. La confiance nécessaire, puisons-la dans la beauté et le bien qui nous entourent, et dans l'idée qu'encore plus de beauté et de bien nous attendent dans le futur.

Je suis consciente que les temps sont durs pour tous ; nous subissons de plein fouet pressions et pesanteurs et voyons tellement de gens souffrir. Mais n'oublions pas une chose : lorsque cette période difficile sera derrière nous, nous aurons acquis tant de liberté que nous pourrons construire ensemble quelque chose de positif sur cette planète ! D'ici là, il faut tenir et essayer de faire le dos rond avec la meilleure conscience possible.

Il se peut que nous nous sentions impuissants et que l'idée nous passe par la tête de céder voire d'abandonner. Dans ces moments-là, demandons-nous : « Pourquoi ai-je donc fait le premier pas ? Pourquoi, en tant qu'âme immortelle, ai-je pris l'initiative de m'incarner encore et encore ici, sur Terre ? Et pourquoi ai-je persévéré, pendant toutes ces incarnations, jusqu'à aujourd'hui, dans la matrice de la non-Lumière ? » – Il devait bien y avoir une raison suffisamment importante pour que nous consentions à tous ces efforts. Continuons donc sur notre lancée et tenons bon, dans ce sprint final, jusqu'au dénouement heureux. Si nous abandonnions maintenant, tous nos efforts auraient été vains, et ce serait vraiment dommage. Je suis sûre que plus tard, quand tout sera fini, nous jetterons un coup d'œil en arrière et conviendrons : « Oui, cela valait la peine de tenir le coup et de persévérer. » Je ne pense pas que nous nous exposerions à toutes ces difficultés si nous ne savions pas déjà, dans notre moi supérieur, que le jeu en vaut la chandelle. Toutefois, lorsque nous sommes plongés dans cette expérience, notre point de vue tridimensionnel ne nous permet pas, en général, d'avoir ce regard sur les choses, car nous ne percevons pas le contexte dans sa globalité – d'autant que cette expérience dure depuis longtemps, depuis bien des incarnations.

Dans les phases d'abattement, lorsque le doute nous envahit, nous devrions nous encourager les uns les autres et renforcer notre volonté commune de persévérer. Il est tout à fait possible que la situation s'aggrave sur le plan physique et devienne plus pénible encore, dans un avenir proche. Cependant, sur les plans subtils supérieurs, de nombreux événements favorables se produisent d'ores et déjà : les extraterrestres positifs sont en train de purifier l'atmosphère de la non-Lumière et de préparer les prochaines étapes que l'humanité devra franchir. Or, ici-bas, sur le plan physique, la plupart ne s'en aperçoivent pas. On peut considérer que nous sommes le « personnel au sol » terrestre des forces de la Lumière, et ce personnel au sol se trouve en état de siège – surtout ces dernières années. Avec de la confiance, de la persévérance et un soutien mutuel, nous surmonterons cette ultime période difficile jusqu'à ce que tout aille mieux.

Il est essentiel que nous sortions du sentiment d'impuissance qui nous tenaille en prenant de la hauteur et en nous laissant porter par la clarté et par une conviction : nous ne sommes pas démunis face au système de la non-Lumière.

Nous pouvons agir, car en tant qu'êtres créateurs, nous avons le pouvoir de changer les choses avec la force de l'amour. Dans cet effort, nous ne sommes pas seuls, mais entourés à tout moment de soutiens aimants, à tous les niveaux. Et à la fin, tout ira bien – sans l'ombre d'un doute.

Après l'effondrement du système de la non-Lumière

Question : À ton avis, que se passera-t-il immédiatement après l'effondrement du système de la non-Lumière ? Comment la population sentira-t-elle que la non-Lumière a perdu son pouvoir ?

Réponse : L'un des premiers changements sera une modification très rapide de notre ressenti énergétique. Dès l'instant où la Terre sera libérée, nous nous sentirons tous beaucoup plus légers et libres. Après le départ de la non-Lumière, la tâche de ceux qui s'engagent pour le bien et veulent répandre la Lumière sera beaucoup plus aisée, car le Lumineux ne sera plus mis sous pression, comme c'est encore le cas aujourd'hui.

Je ne sais pas exactement combien de temps il faudra jusqu'à ce que la libération se fasse sentir concrètement sur le plan tridimensionnel et que les conditions changent de manière effective au niveau physique. Mais je peux imaginer sans peine que l'on pourra assez rapidement percevoir un certain nombre de modifications tangibles. Je ne citerai que quelques exemples qui me viennent à l'esprit, mais cette liste est loin d'être exhaustive. Elle serait d'ailleurs sans doute trop longue si l'on voulait tout énumérer.

Lorsque la Terre sera libérée de l'influence de la non-Lumière, les médias dits « mainstream » commenceront eux aussi à traiter sous un autre angle les sujets qu'ils abordent, car ils ne seront plus utilisés à des fins de manipulation et de désinformation, mais pour relater la vérité. Cela pourrait constituer un changement de taille pour certains – surtout si la vérité présente des aspects qui ne correspondent pas à leur vision du monde actuelle. Cependant, je suppose que, même dans ce cas, la vérité pure et dure ne sera pas révélée sur-le-champ, mais qu'elle sera dévoilée par petites touches, pour permettre à la population de comprendre peu à peu le contexte global et de s'y habituer.

Autre point de bascule : la plupart des multiples crises, conflits et guerres dont l'humanité continue de souffrir partout dans le monde pourront prendre fin sans délai après le départ de la non-Lumière. En effet, la majorité des guerres n'existent que parce que nos dirigeants les ont déclenchées pour défendre leurs propres intérêts, et les entretiennent sur leurs propres deniers. Lorsque les élites non lumineuses cesseront d'être actives, leurs guerres se dissiperont. Alors – et alors seulement –, une véritable paix mondiale pourra voir le jour.

Au début, il se peut que des conflits subsistent çà et là parce que tels ou tels groupes humains ne s'entendent pas – lorsque les êtres de la non-Lumière auront disparu, les humains seront toujours là, avec leurs vibrations et leurs orientations de conscience différentes. Mais plus le collectif humain œuvrera consciemment, plus nous réaliserons que nous formons une civilisation unique (et que se battre les uns contre les autres n'a aucun sens), plus vite ces conflits pourront être résolus. Nous pouvons très bien gérer de manière constructive – sans nous battre – nos divergences d'opinion, nos désirs et nos besoins contradictoires. Bien entendu, après la libération, les choses seront plus aisées, car nous serons débarrassés de tous ceux qui, tapis dans l'ombre, tirent les ficelles et ont intérêt à semer et à attiser la discorde et les conflits en tous lieux. Néanmoins, il faudra probablement un certain temps avant que tous les humains aient cette prise de conscience, car au cours des derniers millénaires, nous n'avons jamais vraiment appris à vivre ensemble de manière pacifique et non violente. À un moment donné, l'humanité atteindra le point où nous serons tous, à nouveau, consciemment connectés à l'amour – amour que nous sommes tous, en vérité, du plus profond de notre noyau spirituel. Dès lors, la violence cessera d'elle-même.

J'aimerais aborder un dernier sujet : les nouvelles technologies auxquelles nous aurons accès après la libération. Des réalités comme « l'énergie libre » sont notamment connues depuis fort longtemps, mais elles sont dissimulées à la population par nos dirigeants actuels : les forces non lumineuses n'ont aucun intérêt à ce que les humains disposent d'une énergie libre. Notre dépendance vis-à-vis de sources d'énergie entièrement contrôlées par le système en place n'est pas fortuite ; elle fait partie de la stratégie de manipulation. En accédant à l'énergie libre, nous cesserons d'être dépendants des combustibles fossiles et du réseau électrique actuel.

De plus, les êtres de la Lumière mettront à notre disposition une multitude d'autres technologies, comme des appareils de communication qui n'émettent aucun rayonnement dangereux, pour ne citer que ceux-là. Nous verrons aussi apparaître un tout nouveau système financier, basé sur des valeurs aux antipodes de celles d'aujourd'hui, ainsi que de nouvelles structures politiques et économiques. En bref, après l'effondrement de la non-Lumière, tous les systèmes actuels commenceront à changer en profondeur. Une réorientation totale aura lieu – de la manipulation vers le respect mutuel, de l'exploitation vers la justice, de la destruction vers la construction.

Je le répète, cet inventaire est court et incomplet. En fin de compte, après la libération de la Terre, *tout* changera. Tout sera beaucoup plus libre et beaucoup plus beau que maintenant.

Destruction et guérison de la nature

Question : À l'heure actuelle, beaucoup se montrent très préoccupés par la destruction progressive de l'environnement. Au cours des dernières décennies, nos sociétés ont rejeté tellement de substances nocives dans la nature que l'air est quasiment entièrement pollué désormais, les sols, les mers et les eaux contaminées par des produits chimiques et des déchets. Que peux-tu dire d'un point de vue spirituel sur ce sujet ?

Réponse : Je trouve que le sort réservé par les humains à notre mère nature est bien triste. Et je salue le fait que des personnes, surtout des jeunes, s'engagent en faveur de la protection de l'environnement. Les animaux, les plantes, la nature dans son ensemble – en tant qu'êtres humains, nous avons une responsabilité envers eux, et tous ont besoin de notre protection et de notre affection.

Mais si l'on veut s'engager sérieusement pour la protection de l'environnement, il ne faut pas non plus être naïf et croire aveuglément les discours scientifiques et politiques. Comme dans tous les autres domaines du système non lumineux, beaucoup de mensonges et de demi-vérités sont proférés sur ce sujet-ci, afin d'orienter la conscience et l'énergie des humains – celles des écologistes en l'occurrence, qui croient alors accomplir quelque chose de positif à travers leur engagement, sont convaincus d'aider concrètement la nature, alors que bien souvent, il n'en est rien.

Prenons par exemple la fable selon laquelle un excès de CO_2 dans l'atmosphère terrestre provoquerait un réchauffement climatique global. La réalité est quelque peu différente : le véritable problème n'a jamais été le CO_2. Cette allégation a uniquement pour but de nous faire peur, de nous monter les uns contre les autres et de nous influencer. Le climat de la Terre est en train de changer, c'est un fait avéré. Mais ce n'est pas la première fois. La Terre est un organisme vivant qui a connu bien des évolutions par le passé, notamment de nombreux changements climatiques. Le CO_2 n'y est pour rien. Concernant les changements climatiques actuels, je pense que nous pouvons dormir sur nos deux oreilles : la Terre sait ce qu'elle fait, et nous ne devrions ni lui être hostiles ni avoir peur.

La destruction délibérée et sans scrupule de la nature, de l'air, des sols et des mers par l'humain est une tout autre affaire. C'est là que nous devrions enfin faire preuve de compassion envers la Terre et modifier notre comportement destructeur. Nous avons donc besoin de toute urgence d'une protection cohérente de l'environnement. Par contre, cette prétendue protection du climat basée sur les histoires de changement climatique et de CO_2 nous est parfaitement inutile ; elle a été inventée par des scientifiques et des politiciens, à la demande de leurs commanditaires, pour poursuivre leurs plans.

Pour moi, la protection de l'environnement signifie que nous veillons avec amour à ce que notre environnement redevienne pur et sain et qu'il le demeure. Cela relève de notre responsabilité, car, après tout, c'est bien nous, les humains, qui exploitons l'air, les sols et les mers. En revanche, le climat de la Terre n'est pas de notre ressort, et elle se chargera très bien de le régler comme elle l'entend. Notre contribution consiste à nous comporter correctement avec la Terre et la nature et à cesser d'empoisonner notre environnement. Nous contaminons actuellement la nature à tant de niveaux et avec tant de poisons différents – qu'ils soient connus du public ou moins connus, notamment les chemtrails.

Il faudra bien qu'un jour, la manipulation volontaire de la météo prenne fin, mais cela ne se produira sans doute pas avant que tous les êtres non lumineux aient quitté la planète. D'ici là, ils continueront probablement à manipuler sans scrupule le temps qu'il fait. Ces initiatives font aussi partie des machinations qui ne sont pas de notoriété publique, mais sur lesquelles on peut facilement réaliser des recherches à partir des mots-clés « manipulation de la météo ».

Question : On entend parfois des chercheurs inquiets affirmer que la pollution de la planète est déjà si avancée que même si tous les pays du monde cessaient, du jour au lendemain, de rejeter des substances toxiques dans l'environnement, il faudrait encore plusieurs décennies pour que la nature se remette un tant soit peu des dommages existants. Quelle est ta position sur le sujet ?

Réponse : Ma vision des choses est beaucoup plus optimiste et moins angoissée. J'ai la chance de savoir qu'il existe des technologies supradimensionnelles qui permettent de nettoyer les sols, les eaux et l'air pollués et de guérir la nature dans un laps de temps relativement court. Certaines civilisations aimantes, qui vivent à l'intérieur de la Terre ou sur d'autres planètes, disposent de ce genre de technologies lumineuses, qui sont en harmonie avec la nature et ne causent aucun dommage.

Nous, humains, avons également accès à des technologies inoffensives – l'énergie libre bien sûr, mais d'autres encore qui s'avéreraient bénéfiques à la vie sur Terre si elles étaient utilisées correctement. Certaines armées disposent par exemple de départements entiers qui s'occupent de technologies sophistiquées, capables entre autres de nettoyer la surface polluée de la Terre. Toutefois, on cache délibérément l'existence de ces technologies à la population, car la peur incessante de l'avenir fait partie des plans de la non-Lumière. De plus, les forces obscures voient d'un mauvais œil que les humains bénéficient d'une énergie gratuite, car elles ne pourraient plus, dès lors, les contrôler par le biais des prix de l'énergie. Elles répugnent tout autant à l'idée d'une population qui respire la santé et la vigueur, c'est pourquoi on ne l'autorise à utiliser que des technologies qui émettent des rayonnements nocifs ou affectent la santé d'une autre manière et affaiblissent leurs utilisateurs. Je le répète, le moins que l'on puisse dire est que ceux qui tirent les ficelles des forces non lumineuses ne sont pas à proprement parler des êtres sympathiques. Ils sont inhumains, insensibles et sans scrupules. C'est la seule façon d'expliquer pourquoi ils nous font subir toutes ces épreuves, à nous, les humains, et à la Terre.

La nature possède également un pouvoir d'autoguérison. Sitôt que l'humanité cessera de lui porter préjudice et lui offrira ainsi un peu de répit, elle pourra commencer à se guérir elle-même. Le corps humain possède lui aussi des capacités d'autoguérison, et il existe de nombreuses méthodes et technologies lumineuses susceptibles de favoriser la santé humaine et bien des guérisons. Nous ne manquons pas de bonnes idées et de bons projets pour soutenir la guérison de la nature et de l'humanité et pour rétablir l'équilibre. Lorsque la non-Lumière aura quitté la planète, la porte de ces innombrables possibilités merveilleuses s'ouvrira pour nous.

Sur ce plan aussi, nous pouvons donc quitter la vibration de la peur l'esprit tranquille et avoir l'assurance que tout ira bien. La Terre n'est pas perdue, la nature n'est pas irrémédiablement détruite, la souffrance et la misère prendront fin. Tôt ou tard, nous, humains, prendrons collectivement conscience des erreurs que nous avons commises et, dès l'instant où nous serons disposés à les réparer, nous trouverons ces solutions et tout rentrera dans l'ordre. Pour cela, nous bénéficierons de l'aide de nombreuses civilisations supradimensionnelles. Certains processus de purification ne se feront pas en un jour, mais cela ne prendra pas non plus des décennies.

Mesures préventives pour des temps incertains

Question : Revenons un instant sur le présent. Tu as laissé entendre que les choses pourraient s'aggraver et devenir plus pénibles encore sur le plan physique. Les trois scénarios retenus dans cette hypothèse pour le futur proche sont un « black-out » – une panne d'électricité totale et généralisée –, une nouvelle crise sanitaire mondiale, voire une guerre de grande ampleur. Ces trois scénarios pourraient entraîner un effondrement complet de notre infrastructure de base. Juges-tu probables ces prévisions ? Et devrions-nous prendre des mesures préventives contre ce type de situation ?

Réponse : N'en doutons pas, les stratégies des forces non lumineuses comprennent aussi ce genre de catastrophes extrêmes pour provoquer encore une fois le plus grand chaos possible et propager des énergies anxiogènes dans le monde entier. Il n'est pas certain qu'elles parviennent à mettre en œuvre tous leurs projets avant que la surface de la Terre ne soit libérée, mais elles essaieront de le faire en tout cas. Au vu de la situation actuelle, tout porte à croire que les choses empireront, en effet, dans un premier temps – notamment la présence d'êtres obscurs désespérés, qui veulent à tout prix maintenir le système en place, et la conscience de tant d'humains qui désirent continuer à dormir et se comportent comme des moutons de Panurge. C'est pourquoi il n'est pas complètement absurde de se préparer à d'éventuelles coupures de courant ou à des pénuries d'approvisionnement, et à faire quelques réserves d'urgence.

Question : À ce propos, certains affirment que ce type de préparatifs est motivé par une conscience inférieure de la peur et que les personnes spirituelles n'en ont pas besoin. Quel est ton avis ?

Réponse : La prévoyance n'est pas nécessairement le fruit d'une conscience de la peur. Elle peut aussi simplement être un signe de sagesse.

Supposons que notre ange gardien nous conseille aujourd'hui de ne pas emprunter le chemin que nous prenons d'habitude, mais un autre trajet. Il n'agirait pas ainsi sous l'emprise de la peur, mais parce qu'il est si prévoyant et si sage que, d'abord, il comprendrait qu'un danger menace et, ensuite, il saurait comment nous pouvons éviter ce danger. Eh bien, prendre des mesures préventives et faire des réserves d'urgence procèdent du même état d'esprit. Ce n'est pas la peur qui nous guide alors, mais la prévoyance et la sagesse, dans une situation mondiale actuelle qui laisse à penser que certains dangers sont imminents.

La question qui se pose ici – comme pour toute chose, d'ailleurs – est de savoir avec quelle énergie, quelle intention et quel sentiment nous agissons. Sur le plan énergétique, il existe une grande différence entre se préparer à des temps incertains sous l'impulsion de la peur ou de la sagesse. Si la sagesse nous invite à nous préparer à un scénario éventuel, nous n'alimentons pas ce scénario sur le plan énergétique. Certes, nous dirigeons vers lui nos pensées, pendant un certain temps, mais nos sentiments ne soutiennent pas la vibration de la peur. Une fois les dispositions nécessaires prises, dans cette conscience, nous pouvons détourner notre attention de ce sujet et nous concentrer à nouveau sur la conception positive de notre avenir.

Puis, si les choses ne se passent pas aussi mal que prévu, c'est tant mieux. Il ne nous restera plus qu'à donner nos réserves d'urgence inutilisées.

Question : Les forces non lumineuses parlent volontiers de l'« Agenda 2030 ». D'ici 2030, elles veulent achever leur projet de société de surveillance totale. Penses-tu qu'elles aient encore le temps d'y parvenir ?

Réponse : Je ne saurais dire avec précision combien de temps elles vont encore sévir ici-bas ou jusqu'où elles iront dans la mise en œuvre de leurs projets, car cela dépend de plusieurs facteurs. Le plus important est de savoir si les humains continueront à se soumettre docilement aux ordres de la non-Lumière ou s'ils s'éveilleront et cesseront de suivre le système. L'idée-force est « l'insoumission de l'amour ». Parfois, nous devons faire preuve de désobéissance civile pour éviter un avenir dont personne ne veut. C'est pourquoi il est utile que nous connaissions les plans de la non-Lumière, au moins dans leurs grandes lignes, si nous voulons percer à jour certaines mesures et comprendre à quel type de projet nous avons affaire – et, le cas échéant, leur opposer une fin de non-recevoir : « Désolé, mais je ne mange pas de ce pain-là. » Si tel est le cas, nous sommes tenus d'agir en conséquence. Il ne sert à rien de penser de manière alternative, si, par ailleurs, nous suivons physiquement tout ce que l'on nous demande de faire.

Autre facteur important : la capacité des émissaires éveillés de la Lumière à surmonter leurs divergences de vues, à se connecter de manière constructive et à former une entité soudée. La solidarité des émissaires de la Lumière est un moyen très efficace d'augmenter la vibration collective de l'humanité et de faire basculer le système de la non-Lumière.

Je le répète, je ne sais pas quand ce basculement se produira au juste. Mais je suis presque certaine que les forces non lumineuses auront pris la poudre d'escampette d'ici 2030.

Sept recommandations pour augmenter sa vibration

Question : Que pouvons-nous faire concrètement pour augmenter notre vibration individuelle et la maintenir durablement à un niveau élevé dans notre vie quotidienne ?

Réponse : La réponse est très simple : vivre en suivant notre cœur.

Question : Et comment procéder ?

Réponse : Il faut faire des choses dont nous sentons, dans notre cœur, qu'elles nous sont propices. Les pensées qui nous procurent un sentiment positif ; les actions qui nous font ressentir de la joie ; ce que nous entendons ou regardons et qui nous rend heureux – tout cela augmente notre vibration. L'état naturel de l'âme est le bonheur, et nous avons aussi le droit, en tant qu'êtres humains, de faire tout ce qui nous rend heureux dans notre cœur.

Question : Peux-tu donner quelques exemples ?

Réponse : Nous pouvons lire des textes qui nous font du bien, regarder des images qui nous font du bien ou écouter de la musique qui nous fait du bien. Nous pouvons aller dans la nature, car elle nous procure toujours un sentiment de bien-être. Nous pouvons aussi communiquer avec la terre, les arbres ou les pierres, et nous pouvons rencontrer des personnes qui nous font du bien et auprès desquelles nous nous sentons heureux.

En règle générale, nous devrions nous intéresser exclusivement aux choses constructives et éviter toutes les situations et rencontres qui nous tirent vers le bas ou qui génèrent en nous une pression intérieure. Si les circonstances ne le permettent pas, il est important de créer des occasions de se reconstruire pour compenser. Par exemple, si l'on travaille dans un environnement stressant, on peut au moins créer, chez soi, une oasis de Lumière, dénuée de toute pression, où l'on peut prendre du temps pour soi, se purifier énergétiquement et ressentir à nouveau notre propre Lumière.

Il existe tant de possibilités d'augmenter notre vibration.

En tirant profit de cette foule d'opportunités, nous accroissons nos forces et nos espaces de liberté intérieurs et extérieurs, ce qui nous permet d'être, à notre tour, présents pour les autres et de leur faire du bien. En résumé, la capacité de se faire du bien à soi-même est la condition préalable pour pouvoir soutenir et aider les autres.

Question : À quoi pouvons-nous deviner que notre vibration s'est réellement élevée ?

Réponse : Là encore, c'est un jeu d'enfant : au fait que nous allons mieux et que nous nous sentons plus à l'aise dans notre vie ; au fait que nous ressentons à nouveau davantage d'espoir et de confiance, etc.

L'espoir et la confiance sont de la plus haute importance, surtout en cette période. Beaucoup sont encore trop prisonniers de leur peur. Leur état de conscience est tel qu'ils ignorent ou ne peuvent s'imaginer qu'il est possible de s'émanciper de l'état de peur. Mais les humains déjà engagés sur la voie de l'éveil peuvent se libérer progressivement de la peur en augmentant leur vibration et en élevant leur conscience.

Il est de notre responsabilité d'aider les autres en sortant nous-mêmes de la peur, en ressentant et en diffusant de la confiance, en embellissant le monde. Lorsque nous propageons la Lumière de la sorte, nous aidons aussi bien les humains que les animaux et tous les êtres vivants. Notre responsabilité consiste aussi à maintenir la Lumière contre vents et marées, quel que soit le cours des événements sur le plan tridimensionnel. Bien sûr, cela est plus facile lorsque tout est paisible et favorable. Mais la tâche est d'autant plus cruciale dans les périodes tumultueuses.

Maintenir la Lumière ici-bas, à la surface de la Terre, requiert un corps physique : un être qui ne séjourne que de manière subtile dans le champ énergétique de la Terre ne dispose pas des mêmes possibilités ni des mêmes pouvoirs qu'un être qui s'est incarné physiquement sur Terre. Aussi, notre tâche spécifique, en tant qu'êtres humains incarnés, est d'ancrer et de maintenir la Lumière ici-bas, en nous éveillant progressivement et en cessant peu à peu de suivre la non-Lumière. Si nous le leur demandons, notre équipe spirituelle, certains êtres lumineux supradimensionnels ainsi que des extraterrestres positifs peuvent nous aider – et nous aideront – à accomplir cette tâche en nous envoyant leur énergie positive et bénéfique. Mais en fin de compte, l'ancrage de la Lumière sur la Terre demeure notre responsabilité, et les êtres subtils de la Lumière ne sauraient nous en décharger. L'éveil est notre processus, celui de l'humanité terrestre. Il s'agit de notre mission collective, elle est notre raison d'être ici-bas.

Question : Selon toi, quels sont les points les plus importants à prendre en compte pour que chacun d'entre nous soutienne au mieux le processus d'éveil de l'humanité terrestre dans la période actuelle ?

Réponse : Premièrement, je dirais qu'il faut simplement éprouver le désir et l'intention de s'éveiller. Dans la pratique, cette intention se manifeste par le fait que, d'une part, nous maintenons la vibration de notre conscience à un niveau aussi élevé que possible et, d'autre part, nous commençons à discerner la vérité sur nous-mêmes et sur le système dans lequel nous vivons. Notre intention est comme un rayon lumineux avec lequel nous pointons l'endroit où nous voulons nous rendre, et si nous dirigeons consciemment ce rayon lumineux vers un objectif, nous finirons à n'en pas douter par atteindre celui-ci.

Deuxièmement, il faut faire preuve de la patience nécessaire pour s'éveiller, augmenter sa vibration et discerner peu à peu la vérité. Tant que nous savons clairement où nous voulons aller et demeurons fidèles à cette intention, à la fois avec indulgence et persévérance, tout sera agencé pour que nous trouvions le bon chemin. Mais c'est un processus qui prendra du temps.

Troisièmement, nous devrions apprendre à lâcher tout ce que nous ne pouvons pas contrôler et à concentrer notre énergie sur ce que nous sommes réellement en mesure de changer. Nous éviterons ainsi de gaspiller notre force vitale.

Quatrièmement, nous pouvons aussi solliciter à tout moment l'aide et le soutien de notre équipe spirituelle ou nous connecter aux arbres et à la terre en leur demandant de nous donner de la force. Eux aussi nous aideront si nous les en prions.

Cinquièmement, nous pouvons nous mettre en réseau avec des personnes qui partagent nos idées et échanger avec elles de manière constructive sur des sujets positifs et travailler avec elles à la construction d'une nouvelle société. Cela nous permettra aussi de sentir que nous ne sommes pas seuls.

Sixièmement, nous devrions nous montrer reconnaissants pour tout ce que la vie nous offre de bon. Lorsque nous éprouvons de la gratitude, notre conscience ne s'oriente pas vers le manque, mais vers l'abondance. Non seulement l'énergie de la reconnaissance augmente toujours notre vibration, mais elle apporte aussi l'abondance dans notre vie. Nous nous rendons alors compte de tout le bien dont notre existence est déjà le réceptacle, et cette découverte amplifie ce bien immédiatement.

Enfin, *septièmement,* il faut toujours avoir en tête ce que la Terre renferme de bon, de positif et d'encourageant – même à grande échelle. Ceci nous protège du doute et du désespoir. Mais surtout, il est une chose indubitable et irrévocable que nous ne devrions jamais oublier : à la fin, tout ira bien.

3

Demander et recevoir de l'aide

L'aide de l'équipe spirituelle et du moi supérieur

Question : Tu insistes toujours sur le fait que nous pouvons à tout moment demander de l'aide et du soutien à notre équipe spirituelle. Pourquoi faut-il en faire la démarche ? Ne sont-ils pas là, de toute façon, pour nous aider, même sans que nous les sollicitions ?

Réponse : Cela dépend des situations. Dans un premier cas de figure, nous avons passé des accords avec notre équipe spirituelle avant notre incarnation, sur le plan de l'âme. Ces accords prévoient qu'elle nous soutiendra durant notre vie dans certaines circonstances. Lorsque celles-ci se présentent, notre équipe spirituelle peut intervenir à tout moment et nous aider, même si nous ne le percevons pas dans notre conscience quotidienne ou si nous ne lui en faisons pas la demande expresse : nous lui avons déjà donné notre permission avant notre naissance. Il se peut aussi que nous l'ayons autorisée à agir un peu plus tôt dans la nuit, durant notre sommeil, alors que nous voyagions dans les plans subtils où nous avons rencontré notre ange gardien ou nos esprits-guides.

Mais les circonstances ne sont pas forcément convenues au préalable. Dans cet autre cas de figure, nous devons demander activement le soutien de nos esprits-guides avec notre conscience quotidienne, sans quoi ils ne peuvent intervenir.

Il importe alors de formuler avec précision à nos assistants spirituels ou à d'autres êtres de la Lumière comment ils sont censés intervenir et nous aider. Si notre requête est vague, ils comprennent bien que nous leur demandons de l'aide, mais le sens exact de leur mission leur échappe. Certes, leur perspective supérieure leur permet de repérer de nombreux problèmes dans notre vie, mais sans instructions précises de notre part, ils ignorent pour quel problème nous voulons leur aide concrète sur le moment.

Tout cela concerne la sphère personnelle. Dès qu'il s'agit de questions d'ordre social, plus vastes, qui impliquent de nombreuses personnes, celles-ci doivent demander de l'aide et du soutien de manière collective.

Dans les deux cas, la manière dont nous recevons l'aide et le moment où elle nous arrive ne correspondent pas toujours à ce que nous imaginions. Parfois, nous découvrons, après coup, pourquoi un événement particulier était bénéfique et tombait à point nommé, alors que nous l'avions perçu comme quelque chose de grave : seule cette expérience pouvait peut-être nous amener à comprendre certaines choses ou à tirer certains enseignements auxquels nous n'aurions pas eu accès sans cela.

Question : À quoi remarque-t-on que notre équipe spirituelle nous a envoyé un signe ?

Réponse : Notre équipe spirituelle peut nous envoyer différents types de signes. Certains sont clairs, nous les reconnaissons sur-le-champ – lorsque, comme par miracle, nous tombons sur les bonnes personnes ou les bonnes informations (celles qui nous aident à avancer). Il est d'autres signes, en revanche, que nous n'identifions pas tout de suite – ils apparaissent par exemple sous la forme d'une idée ou d'une pensée, dont nous revendiquons rétrospectivement la paternité, alors qu'en réalité, c'est notre équipe spirituelle qui nous l'a suggérée. Parfois, je demande de l'aide à ma guidance spirituelle pour je ne sais quel problème, et une idée me vient quelques jours plus tard à ce sujet-là ; j'ai alors la sensation qu'elle a germé dans mon esprit. Comme je trouve cette idée sensée, je la suis et j'agis en conséquence, puis je comprends, a posteriori seulement, qu'il s'agissait de l'aide demandée. Toutefois, si je m'étais contentée de rejeter l'idée et ne l'avais pas suivie, je ne l'aurais même pas identifiée comme un signe.

Le soutien apporté par notre équipe spirituelle peut donc être si banal ou si bien présenté que nous pensons en être les auteurs. C'est pourquoi nous devrions avoir aussi peu d'attentes que possible et laisser notre équipe décider elle-même de la forme sous laquelle elle souhaite nous apporter une aide. Il n'est pas rare que nous ne la reconnaissions pas, car nous nous étions figuré une tout autre idée de son apparence. Et s'il advient qu'elle ne correspond pas à ce que nous avions imaginé, alors nous ne la voyons pas comme un signe.

De plus, il faudrait que nous fassions preuve de la plus grande souplesse possible en termes de chronologie. Nos aides spirituels voient les choses d'une perspective supérieure, il arrive donc que le moment qu'ils jugent opportun pour nous soutenir ne soit pas celui que nous attendions. Pour une raison ou une autre, ils peuvent aussi tout simplement se trouver dans l'incapacité d'intervenir plus vite. Dans ce genre de situation, je demande à ma guidance spirituelle de m'aider à démêler le problème en question, jusqu'à ce qu'un changement soit possible.

Lorsque nous vivons une expérience pénible, il se peut aussi que notre équipe spirituelle ne nous apporte aucune aide, car, pour une raison x ou y, nous avons accepté, en notre âme, d'accomplir cette expérience-ci. Nous pouvons alors prier notre équipe de nous donner la faculté de décrypter le sens supérieur de cette situation – et nous le comprendrons le moment venu. De la même manière, nous pouvons demander à nos assistants spirituels la capacité de comprendre la leçon à tirer d'une expérience particulière.

Par ailleurs, ne perdons jamais de vue que notre équipe spirituelle nous apporte son soutien et son aide, au cours de notre existence, sans jamais prendre la moindre décision à notre place tout comme elle ne nous sauvera pas d'un claquement de doigt – il s'agit bel et bien de notre vie, et nous avons pris nous-mêmes la décision de nous incarner sur Terre en tant qu'êtres humains. Les gens sont parfois confrontés à des défis face auxquels ils se sentent impuissants et ne savent plus que faire. Ils souhaitent alors qu'un sauveur vienne les libérer – un autre être humain, la société ou Dieu ou pourquoi pas une équipe spirituelle ? Et cela est tout à fait compréhensible ; ils sont persuadés, à ce moment précis, qu'ils sont dans l'incapacité totale de démêler la situation.

Mais cela n'est jamais vrai. Dès que nous sommes confrontés à un défi dans notre vie, cela signifie que nous pouvons et devons apporter notre contribution à la solution. Sinon, ce défi ne se présenterait pas à nous. Chaque problème et chaque défi constituent une invitation à observer de plus près une facette de notre existence, à apprendre quelque chose ou à amorcer un changement. La question est plutôt de savoir comment et dans quelle mesure nous pouvons contribuer à résoudre le problème. Nous trouvons parfois la solution par nous-mêmes en nous donnant du mal, mais même dans ce cas, il n'est pas exclu que nos assistants spirituels nous aient soufflé les idées nécessaires, en toute discrétion. Lorsque nous avons besoin de l'aide d'autrui, il faut que la volonté et l'effort initial viennent de nous, car nous signalons ainsi que nous sommes prêts à trouver une solution. De plus, les autres ne peuvent nous aider que si nous sommes convaincus qu'une solution existe.

Par bonheur, aucun défi n'est éternel et, tôt ou tard, une solution se présentera – reste à savoir quand et sous quelle forme. La patience est donc de mise et la confiance ne doit pas nous faire faux bond. Si nous estimons que la solution à notre problème se fait trop attendre, il peut s'avérer utile de nous demander : quels enseignements positifs puis-je tirer malgré tout de cette situation ? Qu'est-ce que je peux en apprendre ? Nous sommes tous aimés, c'est pourquoi nous pouvons toujours découvrir quelque chose de positif dans n'importe quelle situation, aussi difficile soit-elle, pour peu que nous soyons à l'affût. Se souvenir que nous sommes aimés et qu'il y a donc toujours quelque chose de positif à trouver en toute circonstance est salutaire lorsque l'on doit faire face aux aléas de la vie. Or nous ne pouvons voir les choses positives que si nous croyons réellement à leur existence. Si nous prétendons que le bien ne se niche pas en toute chose, nous ne parviendrons pas à le découvrir.

Question : Quelle est la fonction des anges gardiens au sein de notre équipe spirituelle ?

Réponse : Notre ange gardien est chargé de veiller sur nous. Cela ne veut pas dire qu'il ne nous arrivera jamais rien de désagréable. L'ange gardien doit en premier lieu faire en sorte que nous réalisions notre dessein de vie : il éloigne de nous ce qui n'en fait pas partie et pourrait mettre en danger son accomplissement. Il nous détourne de situations néfastes qui nous écarteraient de notre chemin de vie. Mais pour que cela soit vraiment efficace, il faut aussi que nous l'écoutions. Les anges gardiens peuvent s'adresser à nous intérieurement, à travers des pensées ou des sentiments, ou aiguiller une rencontre avec une personne qui nous communique de l'extérieur des indications ou des avertissements – qui ne sont rien d'autre, en réalité, qu'un message qu'il nous transmet.

Question : Si nous avons besoin d'aide, vaut-il mieux faire appel à notre équipe spirituelle, ou pouvons-nous simplement nous adresser à Dieu sans autre intermédiaire ?

Réponse : Les deux sont possibles. Ce n'est pas l'un ou l'autre, mais plutôt l'un et l'autre. Si nous en appelons directement à Dieu, à la Source, il peut chercher de son côté des êtres qui conviennent à notre demande et les charger de répondre à notre requête. Il peut s'agir de nos propres assistants spirituels ou d'autres encore. N'oublions pas que nos assistants spirituels ont reçu de Dieu la mission de se tenir à nos côtés. C'est pourquoi nous pouvons à tout moment leur demander de l'aide, puisque Dieu leur a justement assigné ce rôle dans notre vie.

Question : Si l'on souhaite faire plus ample connaissance avec les membres de son équipe spirituelle, comment s'y prendre ?

Réponse : Eh bien, il suffit de leur demander s'ils acceptent de se montrer. Leur réponse peut se traduire par une image intérieure ou un ressenti particulier. Pour communiquer avec eux, il n'est d'ailleurs pas nécessaire de connaître leur nom.

Question : Combien de membres compte en général une équipe spirituelle ?

Réponse : Cela varie tellement d'une personne à l'autre qu'il est même impossible de donner un ordre d'idée. De plus, les assistants spirituels ne restent pas à nos côtés pendant la même durée : certains nous accompagnent durant toute notre incarnation, d'autres nous rejoignent au cours de notre vie et, selon les cas, nous quittent après un certain temps ou demeurent pour le reste de notre incarnation.

Question : À l'heure actuelle, il est souvent question de connexion à des êtres supradimensionnels, comme les anges ou les extraterrestres. Est-ce que cela fait aussi partie de tes pratiques ? Et comment savoir si ces êtres nous sont bénéfiques ou non ?

Réponse : À titre personnel, je n'affectionne pas ce genre de pratiques. Je communique principalement avec mon équipe spirituelle ou me connecte à mon moi supérieur.

Mais si quelqu'un éprouve le désir de se connecter à des êtres supradimensionnels et souhaite distinguer ceux qui sont bienveillants de ceux qui le sont moins, il peut commencer par suivre son intuition, son sentiment intérieur et s'interroger : « Quelle impression me laisse cet échange ? » Car tout ce qui semble lumineux à première vue ne l'est pas forcément. Ensuite, pour en avoir le cœur net, on peut s'adresser à la Source divine et demander explicitement une connexion télépathique à un ange ou à un être particuliers. Cela permet de s'assurer que l'on est tombé sur le bon être et non sur un imposteur qui usurpe son identité. Le chemin via la Source divine est la « ligne sécurisée » qui ne peut pas être manipulée.

Question : Tu rapportes que tu te connectes régulièrement à ton moi supérieur. Qui est-ce exactement ?

Réponse : C'est aussi moi. Le moi supérieur n'est pas séparé de moi, Christina. Il s'agit de la partie de moi-même qui n'est pas incarnée ici-bas, sur Terre, avec sa conscience. En tant qu'âme, nous avons la possibilité de nous densifier à travers les différentes dimensions, et au point le plus bas de cette densification se trouve la partie de notre conscience qui est actuellement incarnée ici, dans le monde physique, dans un corps physique. Mais la plus grande partie de moi-même se trouve dans la sphère non physique, subtile – c'est cette partie que j'appelle le moi supérieur. Nous avons tous un moi supérieur vers lequel nous tourner.

Question : Existe-t-il une différence entre notre moi supérieur et ce que nous appelons la Source ou Dieu ?

Réponse : Oui, bien sûr. La Source est l'origine divine de tout. Lorsqu'une âme quitte la Source, avec sa conscience individuelle, elle peut accomplir différentes incarnations à différents niveaux de densité, avec différentes parties de son moi. Le moi supérieur est, je le répète, la partie la plus grande d'une âme individuelle qui ne s'incarne pas. Mais ce n'est pas Dieu.

De l'aide pour et par la Terre-mère

Question : Certains défendent la thèse selon laquelle la Terre se porterait nettement mieux sans nous, les humains. Ils prétendent que l'humanité constitue le véritable problème de la planète. Vois-tu les choses ainsi ?

Réponse : Non. Certes, on peut comprendre ce point de vue si l'on considère la cruauté avec laquelle de nombreux humains se comportent envers la nature, l'exploitent et la détruisent sans l'ombre d'un scrupule. Mais cette thèse n'en est pas moins fausse. Le problème sur cette planète n'est pas l'humanité en soi, mais l'inconscience des humains ; ce sont les théories douteuses sur l'origine et le sens de la vie, les croyances étranges et les comportements inhumains qui engendrent la destruction. Les êtres humains ont été conçus comme des créatures aimantes et sensibles. Ils sont capables de faire preuve de compassion, de soutenir la nature, de vivre en paix avec elle et avec toutes les autres créatures ici-bas, sur Terre. Lorsque les humains commettent des actes cruels, ils n'agissent pas sous l'impulsion de leur nature profonde, mais parce que, pendant des millénaires, par pure inconscience, ils ont adopté le comportement manipulateur et destructeur des êtres de la non-Lumière.

Question : Comment la Terre-mère, l'essence de notre planète, gère-t-elle le fait que tant d'obscurité et de destructivité règnent aujourd'hui à sa surface ?

Réponse : Je n'en ai pas une idée précise. Mais je pense qu'elle est capable de transformer elle-même une partie des éléments non lumineux tandis que d'autres s'accumulent dans certaines régions et font pression sur la Terre – surtout à la surface et juste au-dessous, c'est-à-dire partout où les forces non lumineuses font rage. C'est là que nous, humains, pouvons aider et soutenir la Terre – sur le plan physique comme énergétique – en ancrant à sa surface notre Lumière de façon consciente.

Comme nous, la Terre a des sentiments, des pensées et des perceptions. Elle aussi possède une âme. Lorsque nous marchons à sa surface, elle discerne notre conscience et perçoit notre énergie. Elle sent quand un être humain est animé d'intentions positives et qu'il lui veut du bien ; ceci la réjouit, et elle est soulagée de sentir des humains éprouver une sincère bienveillance à son égard.

De son côté, la Terre peut bien sûr mettre sa force à notre service dans bien des circonstances, tout comme elle aide et soutient tous les êtres de la nature. La seule condition est que nous soyons bien intentionnés à leur égard et prêts à coexister avec eux dans le respect.

Question : Peut-on imaginer qu'un éventuel refus des humains empêche la Terre de s'élever vers la cinquième dimension ? Faudra-t-il que l'humanité entière se soit éveillée avant que la Terre ne s'élève et n'atteigne le niveau global de fréquence nécessaire ?

Réponse : Non, je ne peux pas l'imaginer. En tant qu'entité autonome, la Terre possède sa propre vibration, qui est indépendante de celle des humains. L'ascension de la Terre est déjà actée et aura lieu dans tous les cas. Toutefois, elle est si aimante qu'elle invite tous les humains à la rejoindre ; ceux qui acceptent cette invitation et augmentent de concert leur vibration s'élèveront en même temps que la Terre. Les âmes qui préféreront refuser l'invitation et ne pas augmenter leur vibration individuelle quitteront la Terre pour s'incarner sur une autre planète tridimensionnelle correspondant à leurs désirs et à leurs attentes. Nul ne sera perdu, car toutes les âmes sont aimées dans la même mesure par la Source divine, et toutes seront satisfaites, quelle que soit leur décision.

Question : On entend parfois dire que la Terre se trouve déjà dans la cinquième dimension. Est-ce exact ?

Réponse : Pas tout à fait. La Terre possède différents niveaux et englobe plusieurs dimensions. Son niveau subtil est d'ores et déjà quinquadimensionnel, mais la partie de la Terre sur laquelle nous vivons actuellement est encore tridimensionnelle et elle ne changera de densité que dans le futur pour s'élever dans la cinquième dimension.

Si j'en crois ma perception, la partie tridimensionnelle de la Terre augmente déjà sensiblement sa vibration d'année en année. Je me souviens que, à dix ans, j'avais l'impression que tout était d'une extrême densité ici-bas. Bien sûr, le monde actuel est encore assez dense, mais nettement moins qu'il y a onze ans. On peut percevoir clairement le processus permanent d'ascension de la Terre.

Là où les forces non lumineuses sévissent à sa surface, il peut arriver, par moments, que la vibration diminue de façon temporaire, mais cela n'empêche en rien la planète d'augmenter irrésistiblement sa vibration. On ne peut pas arrêter une planète.

Question : Si nous voulons réussir cette ascension dans la cinquième dimension, nous suffit-il à nous, humains, de méditer simplement sur la Lumière et l'amour ? Ou bien existe-t-il encore d'autres conditions à remplir ?

Réponse : On ne pas répondre de manière universelle à cette question, car le facteur décisif pour savoir si quelqu'un peut s'élever dans une dimension supérieure est sa conscience individuelle. Or nous sommes tous différents et uniques. Nous ne sommes pas identiques – nous ne pouvons pas et ne devons pas l'être. Chaque âme est individuelle et chacun possède sa propre conscience. De plus, chacun s'est incarné précisément ici, sur Terre, et maintenant, pour des raisons qui lui sont propres ; selon les circonstances, il aura choisi des missions d'apprentissage et des caractéristiques personnelles pour son incarnation. C'est pourquoi chacun a besoin de moyens et de chemins différents pour élever sa conscience. Il peut s'agir de la méditation ou de tout autre chose.

Question : Que peut faire chacun de nous pour accélérer le processus de son ascension ?

Réponse : Je pense que le terme « accélérer » ne convient pas dans ce contexte. L'augmentation de la vibration individuelle et la préparation au passage dans une dimension supérieure ne sont ni une course de vitesse ni une compétition. Certains effectueront l'ascension au cours de cette incarnation, dans leur corps physique actuel, d'autres un peu plus tard, lors d'une prochaine incarnation. Pour d'autres encore, cela ne viendra jamais parce qu'ils ne le veulent pas et préfèrent rester dans leur tridimensionnalité habituelle. Toutes les âmes sont aimées et accompagnées, quel que soit le rythme auquel elles s'élèvent ou évoluent d'une autre manière.

En outre, l'envie d'« accélérer » peut aussi être l'expression d'un manque de confiance. On peut douter que les événements aient lieu en temps voulu et tenter d'en contrôler et d'en précipiter soi-même le déroulement. Je ne recommanderais pas une telle attitude.

Question : Est-il judicieux de faire des méditations spéciales sur la Lumière pour soutenir la Terre-mère ?

Réponse : Oui, cela lui fera certainement plaisir.

Question : Lorsque nous méditons – soit pour la Terre, soit de manière générale –, est-ce un bienfait pour le champ de conscience collectif qu'un maximum de personnes méditent ensemble ?

Réponse : L'effet dépend moins du nombre de participants que de l'orientation de leur conscience. Si un grand nombre de personnes se réunissent, que leurs pensées et leurs sentiments ne convergent pas, que leurs consciences soient dispersées, cela n'est pas efficace. Il est alors préférable que seul un petit groupe médite, avec une réelle convergence de conscience. Mais évidemment, si de nombreuses personnes parviennent ensemble à s'orienter vers le même objectif, cela augmente le champ de conscience collectif.

Question : Quel serait le meilleur objectif vers lequel orienter cette conscience collective ?

Réponse : Je ne parlerais pas de « meilleur » objectif en l'espèce. La question est de savoir quelle intention on poursuit et dans quel but précis on veut méditer. Et en fonction de cela, une finalité s'imposera comme la plus appropriée.

Question : En plus de notre amour et de notre soutien, la Terre a-t-elle aussi besoin d'une sorte de réconfort de notre part ?

Réponse : Oui, bien sûr. Lorsqu'elle sent simplement que nous avons de la considération pour elle, que nous pensons à elle ou que nous voulons accomplir quelque chose de positif pour elle, cela lui met déjà du baume au cœur. La Terre sait bien que nous, les humains, ne pouvons pas tout changer du jour au lendemain. Mais si nous l'accompagnons avec des pensées aimantes et si chacun d'entre nous fait ce qui est le mieux pour lui, elle s'en réjouira déjà beaucoup.

Parents, enfants et animaux

Question : Comment pouvons-nous protéger et soutenir nos enfants en cette période de turbulences ?

Réponse : Les parents devraient avant tout veiller à ce que leurs enfants préservent leur confiance originelle et leur stabilité intérieure, et ils devraient être un bon exemple pour leurs enfants. Les enfants perçoivent ce que leurs parents ressentent, la manière dont ils se comportent dans certaines situations et ce qu'ils en font. Il est donc important qu'ils demeurent stables dans leur conscience et ne se laissent pas déboussoler par les circonstances extérieures.

Certains ont des enfants qui sont déjà venus au monde avec une conscience élargie ; s'ils veulent que leurs enfants conservent cette conscience, il faut leur faire sentir qu'ils sont bien tels qu'ils sont. Les enfants ont besoin que leurs parents les comprennent et les autorisent à être ce qu'ils sont. Ils en tirent une confiance fondamentale, à partir de laquelle ils déploient la force intérieure nécessaire pour maintenir leur conscience à un niveau élevé, même dans une société qui ne manifeste pas encore de compréhension à l'égard de personnalités comme les leur. Les enfants – et les êtres humains en général – ne deviennent pas forts par la peur, mais par la confiance.

Il existe deux cas de figure : soit les enfants des temps nouveaux, dont la vibration est supérieure, sont en mesure de compenser eux-mêmes les influences extérieures – de l'école, de la famille ou des médias par exemple –, par la seule force de leur conscience ; soit les circonstances dominantes se superposent à leur conscience, et ils risquent de se perdre. Dans le second cas, il incombe bien sûr aux parents une responsabilité particulière, qu'ils assumeront au mieux en étant des modèles pour leurs enfants et en maintenant leur propre vibration de conscience à un niveau élevé.

Question : On dit qu'une âme, avant de s'incarner sur Terre sous forme humaine, choisit ses parents et son entourage et définit au préalable son chemin de vie. Est-ce que tu vois les choses ainsi ? Et si oui, quels aspects de notre future incarnation pouvons-nous choisir nous-mêmes de cette manière ?

Réponse : Oui, je suis d'accord. Avant notre incarnation, nous déterminons un certain nombre de choses comme la famille dans laquelle nous naîtrons, la langue maternelle que nous parlerons, les leçons que nous voulons apprendre dans cette incarnation ou ce que nous souhaitons apporter à la communauté. Nous convenons également, avec d'autres âmes, que nous nous rencontrerons au cours de notre vie et définissons les rôles que nous tiendrons alors. Ainsi, nous traçons un chemin de vie qui débouchera sur un dessein de vie. Mais cela ne signifie pas que chaque minute de notre existence est d'ores déjà planifiée en détail : au cours d'une incarnation, nous avons à tout moment la possibilité de changer d'avis en exerçant notre libre arbitre, de fixer de nouvelles priorités et de prendre de nouvelles directions.

Au fil d'une vie, nous pouvons donc rencontrer des situations qui ne se déroulent pas comme prévu et qui peuvent nous paraître désagréables. En effet, ceux qui nous entourent possèdent, eux aussi, leur libre arbitre et peuvent à tout moment prendre des décisions surprenantes. Mais nous savions à l'avance dans quoi nous nous engagions en nous incarnant sur une planète qui abrite tant de consciences différentes.

Question : Cela signifie donc que les parents aussi choisissent leurs futurs enfants ? Comment se passe un tel choix ?

Réponse : Parfois, des accords sont conclus avant même que les futurs parents et les futurs enfants ne soient incarnés. Les âmes en question se concertent, avant leur incarnation respective, et déterminent qui jouera le rôle de parent et qui jouera le rôle d'enfant. Dans d'autres cas, les parents sont déjà incarnés et passent ensuite des accords, sur le plan spirituel, avec des âmes qui ne sont pas encore incarnées et qui deviendront plus tard leurs enfants.

Question : Est-ce que cela vaut aussi pour les animaux ? Peut-on convenir qu'une âme ne nous rejoigne pas sous forme humaine, mais d'animal domestique ?

Réponse : Oui, c'est possible. Une âme peut très bien choisir de s'incarner sous la forme d'un animal, car en tant qu'animal, on peut aussi révéler beaucoup de choses aux humains. Nous, humains, pouvons apprendre énormément de notre échange avec les animaux, et la manière dont nous nous comportons avec eux en dit long sur nous-mêmes. Lorsque nous traitons les animaux avec amour, cet amour passe dans le champ de conscience collectif sous forme d'impulsion positive. De plus, les animaux sont capables d'ancrer certaines énergies ici-bas, sur Terre, car chaque animal – tout comme nous, humains – est doté d'une conscience individuelle. Comme nous, les animaux ont un dessein de vie individuel et ils se sont engagés à remplir certaines missions de vie. Enfin, les espèces animales remplissent collectivement divers rôles et missions sur Terre.

Question : Les humains se divisent en deux catégories : ceux qui apportent la Lumière et la beauté dans le monde et ceux qui apportent la non-Lumière. En va-t-il de même pour les animaux, peuvent-ils, eux aussi, apporter l'obscurité et la destructivité ?

Réponse : Oui, cela peut arriver. Mais le principe qui s'applique aux humains vaut en général pour tous les êtres vivants : tous sont fondamentalement basés sur l'amour. Cependant, si une âme a été traumatisée par une expérience quelconque, il se peut qu'elle soit animée par une conscience non lumineuse et agisse de manière destructrice – sous forme humaine ou animale. Néanmoins, chaque être humain, chaque animal, chaque être vivant est amour, du plus profond de son noyau spirituel.

Question : On pourrait dire que les êtres supradimensionnels de la non-Lumière nous considèrent et nous traitent comme du simple bétail, qu'ils exploitent pour parvenir à leurs fins. Mais bien des humains réservent aux animaux le même sort, sans la moindre considération et sans un soupçon de mauvaise conscience. Comme ces humains, les êtres de la non-Lumière n'éprouvent-ils aucune mauvaise conscience lorsqu'ils nous manipulent et nous utilisent ?

Réponse : Malheureusement, c'est le cas. Ces êtres non lumineux se sont tellement coupés de la Source divine et de l'amour qu'il n'y a plus une once d'amour en eux, même inconsciemment. Ils n'ont plus aucun lien avec l'amour et n'en éprouve pas la moindre nostalgie, car ils ont oublié jusqu'à son existence. C'est pourquoi ils sont dépourvus d'états d'âme, de compréhension, de compassion pour les autres êtres vivants – sentiments des plus normaux et naturels chez les êtres lumineux. C'est la seule et unique raison pour laquelle les êtres de la non-Lumière sont capables de commettre des actes d'une cruauté et d'une insensibilité qui dépassent l'entendement – comme opprimer sans scrupules la population d'une planète entière.

Ce modèle de conscience et de comportement dénués d'amour peut aussi se transmettre aux humains qui, à leur tour, cherchent un être vivant plus faible pour leur servir de « victime ». C'est une sorte de cercle vicieux : les êtres supradimensionnels de la non-Lumière traitent les humains avec férocité, puis les humains répètent le même comportement cruel sur les animaux, sans y réfléchir et souvent sans même le remarquer, prisonniers qu'ils sont de la matrice de l'illusion.

Il est d'autant plus crucial que nous élevions à présent la vibration de notre conscience et commencions à nous comporter avec amour et respect envers les animaux et les autres êtres vivants. Tant qu'un humain se montre indifférent et cruel envers les animaux, il lui est impossible de libérer sa conscience de la matrice de la non-Lumière. Certains manquent à tel point de sensibilité à ce sujet qu'aborder la question avec eux est peine perdue. Mais beaucoup sont, a priori, capables de ressentir que les animaux sont des êtres animés au même titre que nous et qu'une responsabilité nous incombe envers eux.

Nous pouvons sensibiliser ces personnes, qui ne sont plus complètement indifférentes à la souffrance animale, et leur demander de prendre davantage soin des animaux. Ces gens ne sont pas forcément méchants ; ils n'ont pas appris à se comporter d'une autre manière. Ils sont venus au monde et ont adopté, sans réfléchir, toutes les attitudes qu'on leur présentait comme normales. Sans jamais remettre sérieusement en question leur comportement, ils ont peut-être simplement continué toute leur vie sur leur lancée – non qu'ils aient un cœur mauvais, mais par pure inconscience. En leur montrant l'exemple, nous pouvons les aider à déployer à nouveau respect et compassion, à la fois envers les animaux et envers leurs sœurs et frères humains.

La guerre n'est jamais la seule issue

Par les temps qui courent, il me semble particulièrement important que nous, humains, ne nous laissions pas diviser ni prendre au piège d'accusations réciproques. N'oublions jamais que nous constituons une seule et même famille humaine, que nous sommes tous frères et sœurs. Aussi, nous devrions refuser de nous battre les uns contre les autres, même si quelques-uns, sur la scène politique, s'escriment précisément à provoquer cette division ainsi que cette lutte et ces conflits mutuels.

Il existe toujours d'autres solutions que le combat ou la guerre. Si l'on veut les trouver, il faut toutefois être prêts à se parler dans un respect mutuel. Cela vaut aussi bien entre les individus et les groupes humains qu'entre les nations et les peuples. En tant qu'individus, nous sommes invités à mettre en pratique les principes de compréhension et de paix dans notre vie quotidienne, car les politiciens actuels et leurs commanditaires s'en garderont bien – ils n'y ont guère intérêt pour le moment. Pour atteindre leurs objectifs de contrôle total et de domination de l'humanité tout entière, les forces au pouvoir actuellement ont besoin de la guerre et non de la paix.

Ceux qui choisissent de vivre la paix et l'harmonie en eux-mêmes et dans leur environnement immédiat apportent, ainsi, leur contribution au champ collectif de l'amour et rendent la tâche plus aisée à ceux qui veulent agir de même. De cette manière, nous pourrons surmonter beaucoup plus facilement les temps difficiles qui nous attendent et nous ancrerons la

Lumière sur la Terre. Et cette période sombre appartiendra bientôt au passé – cela marquera le point de départ d'une nouvelle ère où nous pourrons construire ensemble, en tant que famille humaine, un nouvel édifice fondé sur l'amour. Nous ne devons pas abandonner cette vision du bien, car nous sommes un point d'ancrage pour la manifestation d'une nouvelle société pacifique et libre.

4

Il y a de la beauté en tout être animé

« Nous devrions réapprendre à voir ce qui est beau. Car il y a de la beauté en tout être animé. Nous devrions préserver cette connaissance et ce regard, même par les temps qui courent. C'est à nous de savoir comment nous pouvons apporter la Lumière ici-bas, sur Terre. Mais ce dont nous avons absolument besoin pour cela, c'est de porter le regard sur le Divin. »

La force de la volonté et la force de l'amour

Je suis consciente qu'une pression et un poids considérables pèsent aujourd'hui sur nos vies. Mais il est crucial que nous persévérions et maintenions la Lumière en ces ultimes temps d'obscurité. Nous ne sommes pas sur Terre par hasard : notre Lumière est indispensable ici et maintenant. Nous possédons tant de force en nous, même si, parfois, nous avons l'impression du contraire. Aussi, nous ne devrions jamais perdre courage ou confiance. Si nous considérons la société et déplorons que ceux qui sommeillent encore soient si nombreux, n'oublions surtout pas que beaucoup sont en train de s'éveiller.

Rien n'est plus fort qu'un humain qui aime et désire sincèrement l'objet de son amour. À eux deux, l'amour et la volonté nous mènent à coup sûr à bon port. Il faut pour cela réunir ces deux qualités. Les êtres de la non-Lumière ne possèdent que la volonté, pas l'amour. Nous, humains, sommes capables d'utiliser ces deux qualités pour atteindre nos objectifs – dès que nous parvenons à combiner amour et volonté, il devient certain que nos objectifs finiront par se manifester. C'est inéluctable.

Les uns développent davantage la force de la volonté, les autres celle de l'amour. Et comme, dans l'idéal, ces deux forces doivent se compléter, il faudrait que chacun d'entre nous essaie d'exercer et de développer celle dont il dispose encore le moins.

Utiliser correctement la force de notre volonté signifie avant tout prendre des décisions conscientes : qu'est-ce que je veux exactement ? Quelles informations sont pertinentes pour moi ? Que suis-je disposé(e) à croire ? Quel est mon point de vue sur le monde ? Comment est-ce que je me positionne exactement ?

Si nous ne prenons pas ces décisions nous-mêmes, quelque chose ou quelqu'un d'autre décidera pour nous. Nous sommes actuellement exposés à tant d'influences différentes sur cette planète – sur le plan énergétique comme physique ! Une armée de médias nous infligent vingt-quatre heures sur vingt-quatre un déluge d'informations, d'opinions et de points de vue. Lorsque, loin de penser par nous-mêmes et de prendre des décisions en toute indépendance, nous gobons tout sans remise en question ni filtre, notre conscience est submergée par ce flot d'informations – et donc par ceux qui s'emploient à nous induire en erreur et à nous imposer leur façon de voir.

Dans le cas de l'histoire qui a fait le tour du monde ces deux dernières années, nous avons pu constater de manière éclatante que la plupart des médias ont passé leur temps à colporter à l'unisson les mêmes affirmations, les mêmes recommandations, les mêmes exigences, les mêmes diffamations. De mon point de vue, il s'agit d'un lavage de cerveau réalisé à dessein – même si le plus grand nombre n'y a vu que du feu. Nous avons affaire à une manipulation consciente de la population par les puissances qui tirent les ficelles en coulisses. Ces instigateurs sont peu nombreux, ils ne représentent qu'une infime minorité de la population mondiale, mais, partout dans le monde, leurs séides détiennent les postes clés, y compris dans les médias. Imaginons un instant que les médias rapportent au moins la vérité : la pensée indépendante et critique n'en demeurerait pas moins essentielle, mais ces informations causeraient moins de dégâts dans notre conscience si nous les croyions toutes.

Pour réaliser leurs projets, ces Terriens qui tirent les ficelles et les êtres extraterrestres subtils qui les contrôlent encore ont besoin que la majorité des humains adhère à leur récit et participe, de manière volontaire, à leurs projets. Tout bien considéré, il s'agit d'une très bonne nouvelle puisque cela signifie que le véritable pouvoir est entre nos mains, celles des humains. Si nous le voulons, nous pouvons opter à tout moment pour autre chose – pour quelque chose de mieux. Nous pouvons commencer à agir de manière à ce que l'avenir soit tel que *nous* le souhaitons. Il suffit pour cela qu'un nombre suffisant d'humains désirent le même avenir positif et soient prêts à œuvrer ensemble pour y parvenir.

Pour manifester ses projets à la surface de la Terre, la non-Lumière a besoin du consentement conscient ou inconscient des humains. C'est pour cette seule et unique raison que les médias de masse déploient tant d'efforts pour répandre la peur et l'angoisse, pour manipuler et uniformiser les points de vue et les opinions au sein de la population. C'est aussi sous ce prétexte que l'on diffame certains groupes de personnes critiques, stigmatisés comme dangereux. Bien des consommateurs de médias ne pensent pas vraiment par eux-mêmes, mais se contentent d'avaler les images et les déclarations diffusées par la télévision et les journaux. Souvent, ils ne remarquent même pas que leur conscience est orientée, mais prennent les informations manipulées pour leur propre opinion. C'est ainsi que l'on peut amener le public à nourrir des préjugés à l'égard de certains groupes de personnes et à les considérer comme dangereux, fous ou je ne sais quoi encore, sans savoir précisément qui ils sont.

Qu'elles soient vraies ou mensongères, les informations auxquelles un grand nombre de personnes ajoutent foi se consolident énergétiquement dans le champ de conscience collectif. Plus une information est tenue pour vraie par un grand nombre de gens, plus sa force énergétique est élevée. La non-Lumière utilise cette méthode pour répandre fausses informations et mensonges et faire avancer ses projets. Lorsqu'une fausse information est suffisamment consolidée dans le champ collectif, elle peut servir de base à des mesures extrêmes comme des contraintes imposées à l'ensemble d'une population, des diffamations collectives voire des guerres, sans que cela provoque de forte résistance. La plupart des gens finissent par approuver de telles mesures, car ils estiment qu'elles sont nécessaires. Malheureusement, ils ne sont pas conscients qu'en adoptant cette attitude, ils donnent leur autorisation à la non-Lumière – ils ignorent tout de l'envers du décor subtil. Si la majorité des êtres humains rejetaient la position ou l'opinion qu'on leur impose et pensaient par eux-mêmes, la non-Lumière ne serait pas en mesure de mettre ses projets à exécution.

Je le répète, les êtres de la non-Lumière ne connaissent pas l'amour et sont dépourvus de puissance créatrice lumineuse et constructive – ils possèdent uniquement la force de la volonté et le pouvoir de manipuler la volonté. C'est pourquoi ce ne sont pas eux, mais nous, humains, qui sommes la pierre d'angle de l'avenir de notre planète. Notre force à nous, êtres humains, réside d'abord dans le fait que nous possédons, en plus de la force de notre volonté, la force de l'amour et une puissance créatrice constructive que nous pouvons utiliser pour réaliser ce que *nous* voulons. Et puisque nous pouvons étayer notre volonté avec notre amour et notre puissance créatrice, au bout du compte, nous triompherons de la volonté de la non-Lumière. Car l'amour possède la plus haute vibration qui soit, elle est plus forte que tout ce qui existe dans l'univers.

Ensuite, notre force réside dans le fait que, ensemble, nous avons le pouvoir d'orienter nos volontés et nos consciences dans la même direction. La communauté et l'unité véritables ne se construiront que sur la base du respect et de l'amour, car seul l'amour ne connaît ni dualité ni division. Les êtres de la non-Lumière n'éprouvent aucun respect, pas même les uns envers les autres, ils sont donc dénués de toute force de l'unité. Aussi n'ont-ils pas la moindre chance de gagner contre la Lumière sur le long terme.

Si nous voulons décider d'un avenir différent et meilleur pour la Terre, il faut donc que nous utilisions consciemment la force de notre volonté. Mais nous n'y parviendrons qu'avec celles de notre cœur et de notre amour. Et en ces temps difficiles, nous sommes également invités à les renforcer de manière consciente, en donnant par exemple la priorité à la force de notre amour.

Au fond, toute notre vie est guidée par une liste de priorités. Si quelque chose nous tient vraiment à cœur, il nous suffit de la placer en tête de notre liste, et cela se manifestera tôt ou tard. Nous consacrons la majeure partie de notre temps et de notre énergie à ce qui figure tout en haut de cette liste. Lorsque nous pouvons choisir entre plusieurs options, c'est toujours ce qui importe le plus à nos yeux qui emporte la mise.

Cela signifie que les personnes chez qui la force de la volonté est déjà plus marquée peuvent, maintenant, se fixer comme priorité absolue de déployer la force de leur cœur. Ceux chez qui elle est d'ores et déjà plus épanouie peuvent placer en haut de leur liste l'accroissement de la force de la volonté. À la fin, nous disposerons des deux forces – volonté et amour – pour manifester tous nos désirs.

Qui devons-nous croire ?

On me demande parfois comment savoir ce qui correspond à la réalité dans tout ce que les médias rapportent. Les médias nous mitraillent en permanence d'informations et d'allégations. Qui devons-nous donc croire ?

De mon point de vue, ce que nous reconnaissons comme vrai ou non dépend de notre propre conscience. Bien sûr, il existe une vérité objective, absolue, qui englobe tout et tous. Mais notre conscience individuelle ne nous permet d'en connaître qu'une partie. Aussi, chacun de nous possède sa propre vérité subjective, en fonction du niveau de sa conscience. Toutefois, ces différentes vérités subjectives ne sont rien d'autre que des perspectives différentes sur la même vérité universelle. Nous ne devrions donc pas nous disputer avec les autres pour savoir qui a raison et qui a tort, pas plus que nous ne devrions croire aveuglément qui que ce soit : servons-nous toujours de notre cœur et de notre intuition pour savoir si les informations que l'on nous propose nous semblent pertinentes ou non.

Par bonheur, notre vérité subjective est susceptible d'évoluer. Chaque fois que la fréquence de notre conscience évolue, que notre vibration individuelle augmente ou diminue, notre perception du monde change également – et donc notre vérité personnelle.

Parmi ceux qui tiennent les rênes de nos sociétés, certains souhaitent consciemment nous induire en erreur en proférant des mensonges, en dissimulant ou en déformant certains faits. D'autres ne sont pas animés par ce genre d'intentions malveillantes, ils font simplement de leur mieux. Là encore, il faut que nous apprenions à faire la part des choses et à pardonner.

Rien ne nous oblige à accorder du crédit à quelqu'un, du simple fait de sa position. Faisons plutôt confiance à notre propre discernement, à la voix de notre cœur et aux recommandations bienveillantes de nos assistants spirituels et de notre moi supérieur. Car ils ne nous mentiront jamais.

Où trouves-tu ton soutien ?

Fort heureusement, beaucoup sont déjà en train de s'éveiller de par le monde, mais une majorité continue de rencontrer des difficultés à ouvrir sa conscience et à sortir du sommeil de l'oubli. À quels obstacles se heurtent-ils ?

Un élément de réponse crucial consiste à savoir où un être humain trouve du soutien dans une époque aussi troublée que la nôtre. Ce soutien, nous pouvons le chercher soit sur le plan physique (l'argent sur notre compte en banque, notre travail, notre position sociale, etc.) soit sur le plan subtil (les croyances, représentations et convictions que nous nous sommes formées ou que nous avons adoptées). Ou bien nous pouvons trouver du soutien en nous-mêmes, en notre for intérieur, dans notre âme. Lorsque notre soutien se trouve en nous-mêmes, dans ce que nous sommes en vérité, il nous est plus facile de faire face aux changements et aux défis extérieurs. Dès que notre soutien ne dépend plus du niveau physique, nous n'avons plus de raison de nous inquiéter pour les changements qui y ont lieu.

À l'heure actuelle, beaucoup ne parviennent pas encore à s'éveiller parce que leur soutien repose encore trop sur le plan physique, dans une vision tridimensionnelle du monde. Nous avons tous besoin d'un soutien quelque part, mais s'il provient presque exclusivement du niveau matériel, tout changement extérieur nous apparaîtra comme une menace. De même, toute variation de la vision du monde sera vécue comme un danger, car nous craindrons qu'elle nous fasse perdre notre soutien dans la vie. Pour toutes ces raisons, bien des humains ont encore du mal à faire évoluer leur vision du monde et à élargir leur horizon. Ils ont peur de ces changements et leur refus de s'éveiller constitue, pour eux, une sorte d'« autoprotection » – même s'ils ne se protègent pas eux-mêmes, à proprement parler, mais seulement leurs modèles et les empreintes du passé.

Dans le processus d'éveil, une étape importante consiste donc à élargir notre vision du monde et notre compréhension de nous-mêmes ; à reconnaître que nous sommes des êtres non physiques et que, même si les changements physiques peuvent s'avérer désagréables, ils ne sauraient nous menacer au plus profond de nous ni remettre en question notre présence au sein du Divin. Dès que nous prenons conscience de cela, nos peurs disparaissent et nous sommes en mesure de nous ouvrir à la nouveauté et à la beauté qui nous attendent.

Sur la gestion de la peur, des traumatismes, etc.

Question : Tu insistes toujours sur l'importance, pour l'humanité, de sortir de la conscience de la peur. Or, dans la situation mondiale actuelle, nous sommes justement cernés par une peur collective. Que pouvons-nous faire pour ne pas nous laisser entraîner vers le bas par cette peur ?

Réponse : Certains n'ont pas encore le niveau de conscience qui leur permettrait de s'affranchir tout de suite de leur peur. C'est pourquoi il est de notre responsabilité, à nous, émissaires de la Lumière, de demeurer stables en ces temps difficiles et de ne pas nous laisser aller à la peur en dépit des circonstances extérieures. Notre conscience nous le permet, même si cela nous demandera peut-être aussi un peu de temps.

La peur nous empêche de penser clairement et de ressentir consciemment notre intuition, notre guidance intérieure et notre moi supérieur. Paralysés par la peur, nous rendons la tâche plus facile aux êtres non lumineux qui veulent nous manipuler et nous oppresser. Si toutefois la peur nous saisit contre notre gré, nous devons veiller à en sortir le plus rapidement possible.

Les gens craignent souvent ce qui pourrait se produire dans le futur. Si nous nous surprenons à redouter l'avenir, il faut que nous focalisions à nouveau notre conscience sur le présent – le plus vite possible. En principe, il n'y a rien de mal à se préoccuper de l'avenir, mais si ces pensées ont une influence néfaste sur nous, mieux vaut s'en passer.

Question : Quelles méthodes concrètes recommandes-tu pour tenir éloignée la peur ou s'en affranchir ?

Réponse : Une possibilité consiste à prendre consciemment du temps pour soi – du temps où nous ne côtoyons personne, ou uniquement ceux qui nous font vraiment du bien. En effet, si nous sommes constamment environnés de personnes anxieuses, leur peur risque de nous contaminer de manière subtile.

Une autre méthode pour sortir de la peur consiste à focaliser notre conscience sur notre corps de Lumière – sur ce que nous sommes en vérité. En effet, notre corps de Lumière, notre moi supérieur, est dénué de toute peur, et si nous orientons notre conscience vers lui, notre peur diminue sur-le-champ.

Question : Comment pouvons-nous gérer de la manière la plus constructive qui soit les traumatismes que nous traînons encore comme des modèles pesants ?

Réponse : Les traumatismes et les chocs font partie des différentes couches qui recouvrent notre conscience, tout comme nos croyances, nos modèles de pensée et autres programmes mentaux. Toutes ces couches nous empêchent de nous sentir connectés à notre âme dans notre conscience quotidienne. Pourtant, chacun est relié en permanence à son âme, à son moi supérieur – même sans le ressentir, sans y croire. La solution à tous nos problèmes consiste à réapprendre à percevoir ce lien avec notre âme dans notre conscience quotidienne. Nous pourrons alors commencer à transformer consciemment nos modèles pesants et à nous débarrasser de nos traumatismes.

Question : On a beaucoup parlé des vaccins ces dernières années. Quelle est ta position sur ce sujet ?

Réponse : Selon moi, les vaccinations de masse pratiquées dans le monde entier ont notamment pour but de couper les gens de leur intuition et de leur âme. Les substances injectées peuvent également provoquer une modification de l'ADN. Du reste, ce ne serait pas la première fois dans l'histoire de l'humanité que l'on procéderait à ce genre de modifications ; cela s'est déjà produit, jadis, en Atlantide.

En fonction de leur composition, les vaccins provoquent différents effets nocifs sur les humains. En définitive, il s'agit d'un essai in situ, à grande échelle. De mon point de vue, il est donc préférable d'éviter de se faire vacciner, dans la mesure du possible. Mais il est bon de savoir que, chaque fois que nous sommes confrontés à des situations difficiles, nous pouvons aussi demander de l'aide à notre ange gardien et à notre équipe spirituelle : il faut toujours laisser leur chance aux miracles.

Si nous parvenons à nous tenir à l'écart du climat général de peur et d'anxiété, cela nous fera du bien à nous-mêmes et aura également un effet positif sur le champ de conscience collectif – et donc sur tous les autres humains. Moins nous aurons peur, plus nous pourrons maintenir la Lumière sur Terre. Et plus les humains seront libérés de la peur et maintiendront la Lumière sur Terre, plus ils sera aisé pour les autres de s'affranchir également de la peur – pour autant qu'ils le veuillent.

Conscience du Christ

Question : Qu'entends-tu par « conscience du Christ » ? Est-ce un état de conscience vers lequel nous nous dirigeons, en tant qu'humanité, ou existe-t-il déjà ?

Réponse : Pour moi, la conscience du Christ signifie la conscience de l'amour pur et inconditionnel. Cet amour est présent à tout moment et en tout lieu. Et même si cela paraît invraisemblable, la conscience du Christ est bien présente ici-bas, sur Terre, dans la période actuelle. La seule question est de savoir si notre conscience quotidienne nous y donne déjà accès ou pas encore, car nous devons disposer de cet accès conscient pour pouvoir ressentir la conscience de l'amour pur – et nous devons la ressentir si nous voulons agir et vivre en harmonie avec elle.

L'amour est toujours inconditionnel. Un amour qui dépend d'idées ou de représentations n'est plus un amour pur, mais un pseudo-amour. L'amour pur est toujours là et toujours à notre disposition – plus nous nous connectons à notre cœur et commençons à vivre à partir de notre cœur, plus nous pouvons ancrer l'amour ici-bas, sur Terre.

Question : Quelle est l'importance de Jésus-Christ dans ce contexte ?

Réponse : Pour moi, Jésus est celui qui a incarné et apporté ici, sur Terre, la conscience du Christ, la conscience de l'amour inconditionnel. Nous avons tous la possibilité de suivre son exemple et d'ancrer cet amour ici, sur Terre, car le potentiel d'incarner l'amour inconditionnel est inscrit dans l'ADN de chacun d'entre nous. Pourtant, beaucoup l'ont oublié en raison des nombreuses couches et chapes qui ont sédimenté sur leur conscience au fil du temps. Ils ont perdu l'accès à l'amour inconditionnel, ils ne le ressentent plus dans leur conscience quotidienne et sont donc dans l'impossibilité de le vivre. Cela ne signifie pas pour autant qu'ils ne sont pas constitués d'amour pur, en leur noyau le plus profond. De par notre nature, nous sommes tous amour pur. C'est l'enseignement que nous pouvons tirer des âmes à haute vibration, comme Jésus.

Question : D'innombrables ouvrages, datant de près de deux mille ans, nous délivrent les descriptions et les interprétations les plus diverses de la vie de Jésus. Selon toi, lesquelles sont les plus proches de la vérité ?

Réponse : Je n'ai jamais lu le moindre de ces livres et ne sais donc pas ce qu'ils en retourne précisément. Ce que je sais, c'est que l'histoire officielle de Jésus, telle qu'elle est relatée dans la Bible, n'est pas le reflet exact de la réalité. La Bible a été récrite maintes fois, et l'on y a omis ou déformé certaines choses délibérément.

Question : D'autres guides religieux ou personnalités spirituelles de premier plan dans l'histoire de l'humanité ont-ils subi le même sort ?

Réponse : Je ne peux pas me prononcer sur ce point, car je ne m'y connais pas assez. Il est certain qu'au cours de l'histoire de l'humanité, des personnalités sont régulièrement venues sur Terre pour rappeler aux humains la Lumière et l'amour. Aujourd'hui, nous ne savons peut-être plus rien de beaucoup d'entre elles, mais elles étaient bel et bien là.

Question : Comment savoir si les grands guides religieux du passé, ou même du présent, sont de véritables êtres de la Lumière ou non ?

Réponse : Le meilleur moyen est de percevoir le sentiment intérieur de notre cœur. À lui seul, notre mental – notre analyse de ce que quelqu'un dit ou fait en public –, nous permet difficilement de savoir si nous avons affaire à une personne lumineuse ou non. De plus, certains nous donnent envie de croire à ce qu'ils racontent, alors que ce ne sont que mensonges, tandis que d'autres disent la vérité, mais sont malgré tout animés par des forces non lumineuses. Tous les domaines de notre société sont gagnés par la tromperie, la comédie et la manipulation, y compris dans les religions et sur la scène spirituelle.

D'une manière générale, rien de tel, à cet égard, que d'être clairvoyant. Il nous suffit alors de regarder une personne pour identifier immédiatement, à sa nature énergétique, si elle est lumineuse et animée ou s'il s'agit d'un être non lumineux.

Prendre la bonne décision

Question : Dans une situation confuse, comment pouvons-nous être sûrs de prendre la bonne décision ?

Réponse : Pour prendre des décisions justes et pertinentes pour nous, il est tout d'abord essentiel de ne pas s'éterniser dans les champs énergétiques d'autres personnes, mais de prendre aussi du temps rien que pour nous. Le champ énergétique d'une personne a toujours un effet sur son environnement. Plus ses convictions sont fortes, plus les énergies émises par son champ sont puissantes et plus le risque est grand que notre conscience soit envahie par ces convictions exogènes. Peut-être, sans que cela nous saute aux yeux, constatons-nous simplement que nous sommes gagnés par une certaine confusion et que nous n'avons plus les idées claires. Il se peut tout à fait que l'autre ne soit animé d'aucune mauvaise intention, mais nos échanges fonctionnent ainsi : nous émettons tous en continu des énergies qui influent sur tout ce qui nous entoure.

C'est pourquoi il est bon de s'isoler consciemment pour passer du temps dans son propre champ énergétique – surtout lorsque nous voulons prendre une décision qui nous convienne dans une situation donnée. Dans les périodes troublées et folles comme celle que nous traversons, il faut que nous parvenions à nous créer, à la maison, des oasis de Lumière où nous pouvons nous ressourcer à intervalles réguliers et être simplement heureux avec nous-mêmes.

Autre chose importante : lorsque nous devons prendre une décision et ne savons pas laquelle est la bonne, veillons à ne pas nous mettre nous-mêmes sous pression. En effet, la pression nous empêche de percevoir notre cœur et notre guidance intérieure. Il est préférable de se détendre le plus possible puis de se représenter mentalement les différentes options, l'une après l'autre, dans le calme. Nous ressentirons l'une d'elle comme la meilleure ; c'est celle que nous devrons choisir – même si ce n'est qu'un sentiment et que le mental ne le comprend pas.

Dans ce contexte, il faut aussi toujours avoir conscience que chacun d'entre nous avait une raison de s'incarner ici-bas, sur Terre, à notre époque. Peut-être l'avons-nous temporairement oubliée, maintenant que nous sommes ici, mais nous devrions néanmoins toujours être conscients que notre vie a un sens supérieur, que nous avons tous un dessein de vie individuel et que nous avons déjà planifié un certain nombre de choses dans notre vie et les avons convenues avec nos accompagnateurs spirituels. Aussi, lorsque nous nous retrouvons dans une situation quelque peu compliquée ou déroutante, il est utile de se souvenir : peu importe ce qui se passe en ce moment dans ma vie, à la fin, tout s'arrangera – à la fin, tout sera juste, comme le prévoit le dessein supérieur. Pour avoir cette confiance fondamentale dans la guidance divine, il n'est pas nécessaire de connaître avec précision le dessein supérieur ni de comprendre systématiquement, avec notre conscience actuelle, tout ce que nous sommes en train de vivre.

Question : Est-il également possible que des choses qui n'étaient pas prévues se produisent dans notre vie ?

Réponse : Oui, cela peut arriver. Dans ce cas, notre équipe spirituelle improvisera et cherchera un nouveau chemin pour que nous parvenions finalement à notre destination prévue. Quoi qu'il arrive, nous pouvons toujours avoir confiance dans le fait que tout finira par s'arranger et qu'à la fin, tout ira bien. Même si nous ne savons pas comment.

Mot de clôture

Ce que j'ai vu

Avant mon incarnation actuelle, j'ai eu une sorte de vision de l'avenir. J'ai vu qu'il y aurait une période, sur Terre, où les humains seraient soumis à une énorme pression. Mais j'ai aussi vu partout, sur Terre, de nombreux petits points lumineux, c'est-à-dire des humains qui s'étaient éveillés et maintenaient la Lumière. L'humanité tout entière ne s'était pas éveillée, seulement une partie – et cette partie a fini par faire la différence. Car les points lumineux se sont peu à peu connectés les uns aux autres, et à un moment donné, une sorte de « percée de Lumière » s'est produite à travers la matrice de la non-Lumière, entraînant son effondrement. J'avais donc la certitude qu'à la fin de cette période, tout irait bien.

Pour que cette percée de Lumière globale ait lieu, il ne fallait pas nécessairement qu'une majorité d'êtres humains s'éveille et brille – et encore moins les êtres humains dans leur ensemble ; une petite partie de l'humanité suffisait. Ne nous laissons donc pas décourager si nous constatons que la plupart des gens sommeillent encore : l'éveil collectif ne dépend pas d'une majorité numérique, mais énergétique. La Lumière est si puissante qu'avec son niveau élevé de vibration, une seule personne éveillée et consciente peut compenser les vibrations plus basses d'un grand nombre d'endormis – peut-être des milliers et même plus, selon son niveau de conscience.

Cette vision m'a émue au plus haut point et je me suis sentie honorée de pouvoir venir ici, sur Terre, et contribuer à cette percée de Lumière. En effet, d'un point de vue cosmique, ce que l'humanité terrestre est en train d'accomplir est tout à fait exceptionnel. Dans l'univers, tout est relié à tout, et ce qui se produit sur la Terre s'y propage par le biais de voies énergétiques cosmiques. De nombreux êtres de la Lumière extraterrestres scrutent aujourd'hui la Terre avec attention, car si les humains parviennent à sortir de cette longue captivité dans la non-Lumière, cela aura un grand retentissement, bien au-delà de la Terre, dans d'autres parties de notre système solaire et de cette galaxie. C'est pourquoi il est si important que nous soyons tous des phares et que nous maintenions la Lumière ici-bas, contre vents et marées, au milieu de l'obscurité.

Voilà ce que j'ai vu, avant mon incarnation actuelle.

Note sur l'auteure

Christina von Dreien (civilement Christina Meier) est née le 15 avril 2001 à Saint-Gall, en Suisse. Elle est venue au monde, dotée d'une conscience très élargie et de multiples dons paranormaux. Elle appartient, ainsi, à une nouvelle génération de jeunes gens, qui laissent deviner une toute nouvelle dimension de l'existence humaine. Ces éclaireurs et donneurs d'impulsion sont venus, ici-bas, pour nous faire connaître les valeurs intérieures et la grandeur que recèlent les humains, ainsi que le potentiel positif qui sommeille en chacun de nous. Ils nous montrent comment nous pouvons réinventer de manière saine et constructive notre vie – individuelle et collective – avec la force de notre conscience et de l'amour inconditionnel.

Deux ouvrages – *Sœurs jumelles nées Lumières* et *La Vision du Bien* –, écrits par la mère de Christina, Bernadette von Dreien, sont parus en allemand en 2017 et 2018. Ils racontent le début de l'histoire de Christina : les circonstances exceptionnelles de sa naissance, son enfance, son adolescence et le début de ses interventions publiques. (Ils ont été traduits en français en 2019 et 2020.)

Après *La Conscience engendre la paix* (édition allemande, 2019 ; édition française, 2021) et *À la fin, tout ira bien* (2020), *L'Insoumission de l'amour* est le troisième ouvrage de Christina. Il est constitué à partir d'articles qu'elle a spécialement écrits pour ce livre, de séminaires en ligne et d'interviews – tous datant de la période entre novembre 2021 et mars 2022.

Site Internet officiel de Christina (également en français) :

christinavondreien.ch

Livre 1 de la série *Christina*

Bernadette von Dreien

CHRISTINA – Sœurs jumelles nées Lumières

Édition reliée, 311 pages
ISBN 978-3-905831-65-8
€ 19,90 / CHF 28.00

Ce premier tome de la série *Christina* adopte le point de vue de sa mère, Bernadette von Dreien, pour raconter l'histoire extraordinaire de la naissance de Christina en 2001, de son enfance et de sa jeunesse jusqu'à ses seize ans. Sans éprouver le moindre surmenage, Christina fait un usage des plus naturels d'une foule de dons paranormaux parmi lesquels la perception multidimensionnelle, la vision de l'aura, la clairvoyance, la télépathie, la télékinésie, les contacts avec l'au-delà, la communication avec les animaux et les plantes. Christina porte également un regard singulier sur ce qui se passe aujourd'hui dans le monde. Son éthique, sa sagesse et sa paix intérieure subjuguantes laissent entrevoir une nouvelle dimension de l'humanité.

Ces premières années de Christina sont des années durant lesquelles elle s'est familiarisée avec la tridimensionnalité, des années d'apprentissage et d'épreuves pour se préparer à accomplir sa mission de vie qu'elle résume en trois concepts clés : **liberté, vérité et amour.**

Les autres thèmes abordés dans le tome 1 sont les suivants : une petite idée de l'au-delà ; âmes et desseins de l'âme ; multidimensionnalité ; conscience, vibration et énergie ; les êtres élémentaires ; alimentation ; guérison ; les êtres de la non-Lumière ; la naissance d'un réseau de Lumière.

« Je ne suis pas sur cette Terre pour accomplir des miracles. J'aimerais ramener la paix et la conscience divine en chaque être humain. Tous comprendront alors qu'ils peuvent se guérir eux-mêmes. » (Christina von Dreien)

Livre 2 de la série *Christina*

Bernadette von Dreien

CHRISTINA –
La Vision du Bien

Édition reliée, 327 pages
ISBN 978-3-905831-74-0
€ 19,90 / CHF 28.00

Ce deuxième tome adopte à nouveau le point de vue de sa mère, Bernadette, pour raconter l'évolution de Christina : la fin de sa scolarité, la révélation de son dessein de vie et les débuts éblouissants de ses interventions en public.

Les autres thèmes abordés dans le tome 2 sont les suivants : règles du jeu universelles de la vie ; progression sur le chemin de l'âme individuel et épanouissement du potentiel personnel ; soutien apporté par nos compagnons spirituels ; conseils pratiques pour une augmentation individuelle et collective de la vibration ; révolution silencieuse de l'amour inconditionnel ; importance de l'enracinement pour les humains des temps nouveaux ; relation essentielle entre la pensée non conformiste et la spiritualité ; science holistique et technologie positive ; quatre options pour l'orientation de la conscience ; avenir quinquadimensionnel de l'humanité terrestre et âge d'or imminent.

« Dans notre for intérieur, nous sommes tous égaux. Nul n'est plus avancé qu'un autre, aucune lumière n'est plus brillante qu'une autre, et aucune mission de vie n'est plus importante qu'une autre. Nous sommes tous des êtres divins qui faisons, ici-bas, une expérience d'être humain, et non des êtres humains qui deviennent des êtres divins. » (Christina von Dreien)

Livre 3 de la série *Christina*

Christina von Dreien

CHRISTINA –
La Conscience engendre la paix

Édition reliée, 303 pages
ISBN 978-3-905831-83-2
€ 19,90 / CHF 28.00

Les deux premiers tomes de la série *Christina* – écrits par sa mère, Bernadette von Dreien – racontent le début de l'histoire de Christina : les circonstances exceptionnelles de sa naissance, son enfance, son adolescence et le début de ses interventions publiques jusqu'au printemps 2018.

Ce troisième tome est exclusivement composé à partir des mots de Christina. Il s'agit d'une compilation de propos tenus lors de ses séminaires et interviews de 2018 et 2019. Christina y expose qui nous sommes en vérité, nous les humains, pourquoi les conditions actuelles sur la Terre sont telles qu'elles sont, et dans quelle direction positive les choses sont susceptibles d'évoluer sur le plan global. Ce faisant, elle nous donne confiance et espoir en un futur de paix intérieure et extérieure et nourrit notre intuition selon laquelle, en dépit de tous les sombres présages, tout finira par aller bien.

Les autres thèmes abordés dans le tome 3 sont les suivants : l'augmentation individuelle de la vibration ; la purification de l'âme ; l'être corporel et la communication cellulaire ; notre équipe spirituelle ; le grand jeu de l'oubli ; le karma et la puissance créatrice ; une école pour un apprentissage basé sur le cœur ; faire confiance à son cœur ; l'évolution de l'amour ; la mise en réseau spirituelle ; la joie de vivre infantile et l'enjouement.

« On ne doit pas toujours avoir une raison d'être heureux. On peut l'être, tout simplement. » (Christina von Dreien)

La série *Christina* dans d'autres langues

La série de livres *Christina* est actuellement disponible dans les langues suivantes :

- Français
- Allemand
- Anglais
- Italien
- Espagnol
- Néerlandais
- Tchèque
- Slovaque
- Polonais
- Bulgare
- Hongrois
- Finnois

D'autres langues sont prévues.

Pour de plus amples informations, veuillez contacter les Éditions Govinda :

info@govinda.ch